0～6歳児

「創造性を
豊かにする」
保育

駒 久美子・島田由紀子

編著

東洋館出版社

まえがき

　日々の保育の中で困ったり悩んだりすることはありますか？ それは、子ども一人ひとりの成長を願い、明日の保育をよりよくしたいという保育者の思いであり、子どもたちにとってうれしいことだと考えます。一方、保育には唯一の方法や正解はありません。保育が一人ひとりの子どもから始まり、子どもたちと保育者の相互作用の中で営まれるからです。「じゃあ、どうしたらいいの？」という声が聞こえてきそうです。本シリーズでは、困ったな、どうしたらいいのだろう、というよくあるギモンや子どもと楽しめる具体的な活動を領域ごとにまとめ、若手の保育者の方にも分かりやすく記載されています。

　また、日々の具体的な保育は理論のもとに行われています。幼稚園、保育所、認定こども園といった幼児教育施設では、環境を通して行う教育を基本とし、幼児の自発的な活動としてのあそびを中心とした生活を通して、子どもたちに生きる力の基礎を培っています。幼児期に必要な体験としての保育内容は5領域で示され、あそびを通しての総合的な指導を通じて子ども一人ひとりの中に一体的に育まれていくよう実践されています。本書は単なるノウハウ本ではなく理論と実践の架け橋になることを目指し、内容が構成されています。

　若手の保育者の方は「明日への一歩」を考えるために、経験を重ねた保育者の方は、本書の内容をきっかけに「こんなこともできそう」「〇〇先生にはこのことが役立つかもしれない」など、これまでの経験を想起されたり、改めて理論と実践を結び付けて確認し発信されたりすることにお役立ていただければ幸いです。

　この本を手に取ってくださった皆様が、子どもたちと一緒にあそびや生活を楽しみ、時には悩み、仲間と一緒に乗り越えながら、子どもも大人もともに育つ保育の醍醐味を味わってくださることを願っています。

2023年2月吉日

編著者一同

知っておきたい「創造性を豊かにする」保育に関する基礎・基本

　本編に入る前に「創造性を豊かにする」保育を実現するために知っておきたい基礎的、基本的な理論を確認しておきましょう。

1 幼児教育の基本

① 環境を通して行う

　乳幼児期の教育・保育は生涯にわたる人格形成の基礎を培う重要なものです。幼児教育施設における教育・保育は、それぞれの施設が基づく法律等に示された目的や目標を達成するため、乳幼児期の特性を踏まえ、**環境を通して行う**ものとされています。

　乳幼児期の子どもは、知りたがりやでやってみたがりや。関心をもった物事には自分から近付き、触れ、扱ってみるなど、**能動性を大いに発揮しながら自分の世界を広げ**ていきます。そのため、周囲の環境に興味や関心をもって自分から関わり、具体的・直接的な体験を重ねていくことは、乳幼児期にふさわしい教育・保育の在り方と言えます。幼児教育での環境は、**子どもを取り巻くすべて**を指します。物的環境、人的環境、自然事象を含む自然環境、時間や空間、その場や状況の雰囲気なども含まれます。一人ひとりの子どもが自分の興味や関心、そのときにもっている力を存分に使いながら**環境に関わり、それに応じて環境からの応答を受け取る**という相互作用を繰り返しながら、**一人ひとりのもつ可能性が開かれ、生きる力の基礎が育まれて**いきます。

② 保育内容としてのねらい及び内容

　幼児教育における保育内容は、幼稚園教育要領、保育所保育指針、幼保連携型認定こども園教育・保育要領（以下、3要領・指針）の第2章において、**「ねらい及び内容」**が幼児の発達の側面からまとめた**「5領域」**で示されています。

○心身の健康に関する領域「健康」：健康な心と体を育て、自ら健康で安全な生活をつくり出す力を養う。

○人との関わりに関する領域「人間関係」：他の人々と親しみ、支え合って生活するために、自立心を育て、人と関わる力を養う。

○身近な環境との関わりに関する領域「環境」：周囲の様々な環境に好奇心や探究心をもって関わり、それらを生活に取り入れていこうとする力を養う。

○言葉の獲得に関する領域「言葉」：経験したことや考えたことなどを自分なりの言葉で表現し、相手の話す言葉を聞こうとする意欲や態度を育て、言葉に対する感覚や言葉で表現する力を養う。

○感性と表現に関する領域「表現」：感じたことや考えたことを自分なりに表現することを通して、豊かな感性や表現する力を養い、創造性を豊かにする。

　5領域に示されている「ねらい及び内容」は、**生活や遊びを通しての指導を中心として総合的に達成される**ものです。

　なお、**乳児保育においては3つの視点**（健やかにのびのびと育つ、身近な人と気持ちが通じ合う、身近なものと関わり感性が育つ）から示されています。

❷　幼児教育において育みたい資質・能力

　現行幼稚園教育要領及び学習指導要領の改訂に当たり**新しい時代に必要な資質・能力**が検討され、明示されました。その全般的な捉え方は中央教育審議会答申（平成28年12月21日）「幼稚園、小学校、中学校、高等学校及び特別支援学校の学習指導要領等の改善及び必要な方策等について」において、3つに整理されています。

①何を理解しているか、何ができるか（生きて働く「知識・技能の習得」）

②理解していること・できることをどう使うか

　（未知の状況にも対応できる「思考力・判断力・表現力等の育成」）

③どのように社会・世界と関わり、よりよい人生を送るか

　（学びを人生や社会に生かそうとする「学びに向かう力・人間性等」の涵養）

　幼児教育においても、上記の「資質・能力」を**幼児期の発達の特性を踏まえて**「幼児教育において育みたい資質・能力」として示されています。

①知識及び技能の基礎：豊かな体験を通じて、感じたり、気付いたり、分かったり、できるようになったりする

②思考力、判断力、表現力等の基礎：気付いたことや、できるようになったことなどを使い、考えたり、試したり、工夫したり、表現したりする

③学びに向かう力、人間性等：心情、意欲、態度が育つ中で、よりよい生活を営もうとする

　これらの資質・能力は、それぞれを個別に取り出して指導するのではなく、**環境を通して行う教育・保育の中で、遊びを中心とした生活を通して一体的に育まれる**ように努めることが大切です。

3　幼児期の終わりまでに育ってほしい姿

「幼児期の終わりまでに育ってほしい姿」は、5領域で示すねらい及び内容に基づく活動全体を通して育みたい資質・能力が形成されている子どもの5歳児後半（就学前）の具体的な姿です。10の項目で表されており、保育者が指導を行う際に考慮するものとされています。例えば、次に引用する10の姿（項目や文章）を心に留めて子どもの様子を見ると、様々な具体的な活動の中に「この姿はこの項目につながっているな」と気付くことがあると思います。10の姿を視点として子どもの姿を捉えることで、遊びの中での子どもの体験や学びを多面的に読み取ることができ、明日の保育の方向性を得ることができるでしょう。さらに、園内外の研修で同僚や他園の保育者と10の姿を共通の視点として語り合うことにより、幼児理解を深めたり、保育の在り方を多角的に検討したりするなど、日々のよりよい保育につながっていきます。

また、10の姿を手がかりにして保育者と小学校教師が子どもの発達や学びの実際を共有することで、幼児教育から小学校教育が滑らかに接続することが求められています。(P.122参照)

(1)　健康な心と体

幼稚園（保育所、幼保連携型認定こども園）の生活の中で、充実感をもって自分のやりたいことに向かって心と体を十分に働かせ、見通しをもって行動し、自ら健康で安全な生活をつくり出すようになる。

(2)　自立心

身近な環境に主体的に関わり様々な活動を楽しむ中で、しなければならないことを自覚し、自分の力で行うために考えたり、工夫したりしながら、諦めずにやり遂げることで達成感を味わい、自信をもって行動するようになる。

(3)　協同性

友達と関わる中で、互いの思いや考えなどを共有し、共通の目的の実現に向けて、考えたり、工夫したり、協力したりし、充実感をもってやり遂げるようになる。

(4)　道徳性・規範意識の芽生え

友達と様々な体験を重ねる中で、してよいことや悪いことが分かり、自分の行動を振り返ったり、友達の気持ちに共感したりし、相手の立場に立って行動するようになる。また、きまりを守

る必要性が分かり、自分の気持ちを調整し、友達と折り合いを付けながら、きまりをつくったり、守ったりするようになる。

(5)　社会生活との関わり

　家族を大切にしようとする気持ちをもつとともに、地域の身近な人と触れ合う中で、人との様々な関わり方に気付き、相手の気持ちを考えて関わり、自分が役に立つ喜びを感じ、地域に親しみをもつようになる。また、幼稚園内外の様々な環境に関わる中で、遊びや生活に必要な情報を取り入れ、情報に基づき判断したり、情報を伝え合ったり、活用したりするなど、情報を役立てながら活動するようになるとともに、公共の施設を大切に利用するなどして、社会とのつながりなどを意識するようになる。

(6)　思考力の芽生え

　身近な事象に積極的に関わる中で、物の性質や仕組みなどを感じ取ったり、気付いたりし、考えたり、予想したり、工夫したりするなど、多様な関わりを楽しむようになる。また、友達の様々な考えに触れる中で、自分と異なる考えがあることに気付き、自ら判断したり、考え直したりするなど、新しい考えを生み出す喜びを味わいながら、自分の考えをよりよいものにするようになる。

(7)　自然との関わり・生命尊重

　自然に触れて感動する体験を通して、自然の変化などを感じ取り、好奇心や探究心をもって考え言葉などで表現しながら、身近な事象への関心が高まるとともに、自然への愛情や畏敬の念をもつようになる。また、身近な動植物に心を動かされる中で、生命の不思議さや尊さに気付き、身近な動植物への接し方を考え、命あるものとしていたわり、大切にする気持ちをもって関わるようになる。

(8)　数量や図形、標識や文字などへの関心・感覚

　遊びや生活の中で、数量や図形、標識や文字などに親しむ体験を重ねたり、標識や文字の役割に気付いたりし、自らの必要感に基づきこれらを活用し、興味や関心、感覚をもつようになる。

(9)　言葉による伝え合い

　先生や友達と心を通わせる中で、絵本や物語などに親しみながら、豊かな言葉や表現を身に付け、経験したことや考えたことなどを言葉で伝えたり、相手の話を注意して聞いたりし、言葉に

よる伝え合いを楽しむようになる。

（10）　豊かな感性と表現

　心を動かす出来事などに触れ感性を働かせる中で、様々な素材の特徴や表現の仕方などに気付き、感じたことや考えたことを自分で表現したり、友達同士で表現する過程を楽しんだりし、表現する喜びを味わい、意欲をもつようになる。

　これらの姿は、5歳児後半に突然現れるものでも到達目標でもありません。乳児期から少しずつ育っていくものです。**子どもが発達していく方向を意識して、子どもが****その時期にふさわしい****生活**を送れるよう保育を積み重ねていくことに留意した結果として見られる姿であることを、再確認しましょう。

　最後に、園生活の展開において**「ねらい及び内容」「資質・能力」「幼児期の終わりまでに育ってほしい姿」が、一連の関係性である**ことを確認しておきましょう。

　各園では園目標の実現に向けて、入園から修了、卒園までに行う教育・保育の道筋を示す**教育課程や全体的な計画**を編成しています。ここには、**「ねらい及び内容」**が、子どもの発達に応じてバランスよく設定されています。さらに教育課程等に基づき、より具体的なねらいや内容、環境の構成や保育者の援助を示した長期・短期の**指導計画**が作成されています。日々の保育は、週案や日案などの短期の指導計画に示されたねらいや内容に、前日までの子どもの興味・関心や保育者の願いが加味され、環境の構成や援助に織り込まれて展開しています。こうして構成された環境に子どもたちが主体的に関わって生み出す遊びの中で、夢中になって楽しむ、もっと面白くしようと工夫や試行錯誤を繰り返す、友達や先生と一緒に考えたり共感したりするなどのことを通して、**「資質・能力」**が育まれていきます。このような園生活で「育みたい資質・能力」が形成されている子どもの5歳児後半の具体的な姿が、**「幼児期の終わりまでに育ってほしい姿」**です。

　各園において「ねらい及び内容」で子どもの発達に応じた経験を意識し、「幼児期の終わりまでに育ってほしい姿」で乳幼児期全体の育ちの方向性を意識して教育・保育を行うことにより、一人ひとりの「資質・能力」が育まれ、小学校以降の教育にバトンタッチされていきます。

［引用参考文献］
・文部科学省（2018）「幼稚園教育要領解説」
・厚生労働省（2018）「保育所保育指針解説」
・内閣府・文部科学省・厚生労働省（2018）「幼保連携型認定こども園教育・保育要領解説」
・日本国語教育学会［監修］（2021）『0〜6歳児「言葉を育てる」保育』東洋館出版社

「創造性を豊かにする」保育を考える

1 乳幼児期に育みたい資質・能力と領域「表現」

　幼稚園教育において育みたい資質・能力とは、第1章「総則」、第2 幼稚園教育において育みたい資質・能力及び「幼児期の終わりまでに育ってほしい姿」に新たに示された資質・能力の三つの柱、すなわち、(1)豊かな体験を通じて、感じたり、気付いたり、分かったり、できるようになったりする「知識及び技能の基礎」、(2)気付いたことや、できるようになったことなどを使い、考えたり、試したり、工夫したり、表現したりする「思考力、判断力、表現力等の基礎」、(3)心情、意欲、態度が育つ中で、よりよい生活を営もうとする「学びに向かう力、人間性等」[1)]です。これは保育所保育指針、幼保連携型認定こども園教育・保育要領においても同様に、第1章「総則」に明示されています。そして、これらの資質・能力は、各領域の「ねらい」及び「内容」に基づく活動全体によって育むことが示されています。さらに、こうした「ねらい」及び「内容」に基づく活動全体を通して資質・能力が育まれている幼児の幼稚園等修了時の具体的な姿を示したものが「幼児期の終わりまでに育ってほしい姿」です。これは、保育者が指導を行う際に考慮するものであり、到達すべき目標ではないことや、個別に取り出されて指導されるものではないこと、また「幼児期の終わりまでに育ってほしい姿」は、5歳児に突然見られるようになるものではないため、幼児が発達していく方向を意識して、それぞれの時期にふさわしい指導を積み重ねていくことに留意する必要があります。

　「幼児期の終わりまでに育ってほしい姿」には、「健康な心と体」、「自立心」、「協同性」、「道徳性・規範意識の芽生え」、「社会生活との関わり」、「思考力の芽生え」、「自然との関わり・生命尊重」、「数量や図形、文字等への関心・感覚」、「言葉による伝え合い」、「豊かな感性と表現」の10の姿が示されています。このうち、領域「表現」と最も関わりが深いと考えられるのは「豊かな感性と表現」でしょう。この「豊かな感性と表現」を資質・能力の三つの柱からみてみると、「知識及び技能の基礎」は、「豊かな感性と表現」の「心を動かす出来事などに触れ感性を働かせる中で、様々な素材の特徴や表現の仕方などに気付き」にあたり、「思考力、判断力、表現力の基礎」は、「感じたことや考えたことを自分で表現したり、友達同士で表現する過程を楽しんだり」にあたり、「学びに向かう力、人間性等」は、「表現する喜びを味わい、意欲をもつようになる」にあたると考えられます。

　音楽表現を一例に挙げてみます。1989年に5領域へと改訂される以前の領域「音楽リズム」では、例えば「役割を分担したり、交替したりなどして、楽器をひく」や、「知っている旋律に自由にことばをつけて歌う」[2)]など、子どもの具体的な表現の姿が挙げられていましたが、領域「表現」の「内容」

では音楽表現のこうした具体的な姿は挙げられていません。例えば(6)「音楽に親しみ、歌を歌ったり、簡単なリズム楽器を使ったりなどする楽しさを味わう」³⁾と示すにとどまっています。それは「内容の取扱い」(3)に「表現する過程を大切にして自己表現を楽しめるように工夫すること」⁴⁾とあるように、子どもたちが生活のなかで、様々な経験を積み重ね、感じたことや考えたことを様々に表現しようとする、その表現する「過程」が大切だからです。そのため、「内容」(4)「感じたこと、考えたことなどを音や動きなどで表現したり、自由にかいたり、つくったりなどする」⁵⁾のように、子どもたちが生活のなかで経験するモノ・コトを、音楽表現だけでなく身体表現や、造形表現も含んだ多様で総合的な表現を育むことが大切になるわけです。

2 表出と表現

　津守真の言葉に「行為を表現としてみる」があります。もう少し詳しく引用すると、「子どもとの応答の中で、自分の全感覚をはたらかせて、子どもの行為を知覚し、子どもの世界に出会う。そこで知覚された行為は子どもの世界の表現である」⁶⁾と述べられています。日々の保育の中で、子どもに応答しながら、保育者の諸感覚を通して知覚した子どもの行為すべてが表現であると考えられるわけです。では保育者によって知覚されなかった「行為」は、「表現」ではないのでしょうか。

　大場牧夫は、「表現」を広い意味で「あらわし」という言葉であらわしています。この「あらわし」において、あらわし手と受け手という関係が成立しているものを「表現」と考えています。大場は「伝えたいという意図が働いているものを『表現』」と言い、「伝えたいという意識をしないで、自分から何か出してしまうという形を『表出』」⁷⁾であると述べています。

　さらに、大場は「表出」には、「ネガティブな表出」と「ポジティブな表出」があると述べています。そして、本人が自覚しなくても「あらわれる」という状態の場合もあれば、「あらわす」という状態の場合もあることに言及しています。つまり、表出には「あらわす」と「あらわれる」があり、子どもの中にはこの「あらわす」と「あらわれる」が表裏一体となっていることが分かります。あらわし手である子どものこうした表出が、受け手との相互作用によって「表現」となるのであり、あらわし手の意図に関わらず、受け手となる他者の存在が、子どもの「あらわし」を「表現」たらしめているのです。冒頭の津守の言葉に戻ると、いかに子どもの行為を見逃さずに知覚し、それを受けとめることが大切であるか、理解できるのではないでしょうか。

　一方で、幼稚園教育要領等における「表現」1ねらい(2)にあるように「感じたことや考えたことを自分なりに表現して楽しむ」(下線筆者)⁸⁾ためには、日々の生活の中で、子ども自身の意図や思いをもった行為を「表現」として捉えていく視点が重要です。こうした表現の積み重ねが、子どもの創造性を豊かにしていくからです。

3 応答性と創造性

① 応答すること

　保育実践者で研究者でもあった津守は、保育において子どもの行為に応答することの重要性に触れ、保育者と子どもが応答を絶えず繰り返す過程を丁寧に歩んでいると、「次第に自らの世界をより明瞭な形にして表現するに至る」[9]と述べています。保育者の応答性が、子どもの表現を引き出していくことが分かります。また、宮原英種・宮原和子による、子どもの行動に対する保育者からの言語的応答や、モノによる環境からの応答性を重視した「応答的保育」に関する研究から、保育者という人的、あるいはモノという物的環境からの応答的な反応によって、子どもは環境と相互作用しながら自分なりの表現を広げていくことが分かります。

　さらに、子どものあそびにも「応答性」はみられます。幼児教育学者であった小川博久は「〈いないいないばあ〉や〈花いちもんめ〉のように応答する行為を通した集団遊びや〈かごめかごめ〉、〈あぶくたった〉のように循環する集団遊びには、応答するリズムと循環するリズムを集団で作り上げていくからだの動きがある」[10]と述べており、保育者の応答性だけでなく、子ども同士の応答性もまた子どもの表現を活性化させることにつながっていきます。

　フィリピンの「サギディ」という身体表現をともなった唱え歌をもとにした表現活動を例に挙げてみます。「サギディ」は、伝言ゲームのようなあそび方となっており、「サギディ・サギディ・サッポッポ」という唱え歌の間に、保育者が身体表現し、それを子どもたちが模倣していきます。つまり、保育者が身体表現によって問いかけ、子どもたちが身体表現で答える、応答的なあそびになっています。子どもたちにとって、「サギディ・サギディ・サッポッポ」は、全く意味をもたない言葉であり、そのリズミカルな音の面白さを楽しみ、率先して保育者の「問いかけ」役をやりたがる子どもたちが出てきました。子ども同士による応答です。そして、このあそびは、子どもの日常的なあそびの中に取り込まれ、「サギディごっこ」となったことを、のちに保育者から聞くことができました。

② 即興的思考と日常的創造性

　創造性研究者であるキース・ソーヤーは、創造性は、集団による即興的なコラボレーションのなかで生じることに言及しています。なかでも、「即興的な会話」に着目し、日常における多くの会話が即興的で、協同的であることから、音楽においても「即興に参加する人々はそれぞれの人が何をするか予測できないので、互いによく聞き合い、そしてその表現に答える必要があり、結果として協同的なパフォーマンスを生み出している」[11]と述べています。音楽心理学者のデイヴ

ィッド・ハーグリーブスは、こうしたソーヤーの「即興的な会話」のような応答性を、「即興的思考と日常的創造性」[12]として表しています。即興的思考は、日常生活における人々の相互行為や会話の中心に位置付き、これが日常的な創造性の源となっていると考えられます。つまり、子どもが保育者や子ども同士と日常的に交わしている会話やあそびの過程には、即興的思考が多分に含まれており、子どもは日常的に創造性を豊かにしているといえます。

　子どものごっこあそびを例に考えてみます。3歳児クラスの子どもたちが、保育者と砂場でレストランごっこをしています。子どもは、保育者に食べてもらいたいと、プラカップやトレイに砂を盛り付け、次々と運びます。一人の子どもは、保育者がプラカップの砂を上からスプーンで押している様子をみて、自分もそれを真似てプラカップの砂をスプーンで押さえてみますが、ただスプーンで押さえるだけでなく、そこに葉や花を飾り付けようとしています。それを見た別の子どもは、プラカップに花びらを入れ、水を加えてジュースを作った、といって持ってきます。さらに保育者を真似てプラカップの砂をスプーンで押さえた子どもは、今度は友達と一緒に、プラカップではなく砂場用のバケツにたくさん砂を詰め、上からスコップで押してしっかり固めようとしています……といった具合に、子どもたちは保育者の行為を真似つつ、さらにそこに新しいアイデアを付加したり、そのアイデアにヒントを得て、その場を共有する仲間と一緒に、新しい創作物をつくりだしたりしており、それは常に即興的思考の連続であり、それが協同的に展開されているわけです。そして、子ども一人ひとりの即興的思考が、その場を共有する子ども集団のなかで相互に作用し合って、日常的に創造性を豊かにしていくのです。

4　表現を評価する

　こうした子どもの表現を保育者はどのように受けとめていけばよいのか、また、子どもの表現をどのように評価すればよいのか、日々の保育において迷ったり、考えたりすることもあるかと思います。子どもにとっての表現は、すでに述べた通り、子ども自身の意図や思いをもった行為そのものであり、それは「できる」か「できない」かを評価するのではなく、子ども自身が集団の中で、どのように育っているのか、というプロセスを評価することが重要です。では、そのプロセスを評価するために、日々の保育ですべきことは何か、それが「記録（ドキュメンテーション）」と「省察（リフレクション）」です。記録は、こうした子どもの発達に対する理解だけでなく、保育者自身の振り返りを促し、指導改善を図ることにつながります。記録にも文字記録、映像記録、写真記録、音声記録等様々ありますが、いずれにおいても、記録することによって、新たに見えてくるものがあります。

①ドキュメンテーション〜レッジョ・エミリアにみる3つのD

　イタリアの北部に位置するレッジョ・エミリア市は、人口17万人程度の小都市ですが、世界中の幼児教育関係者の関心を集めています。それぞれ幼児教育施設には、アトリエリスタ（芸術士）とペダゴジスタ（教育学者）が配置され、アトリエリスタは大学で芸術を専攻した教師、ペダゴジスタは大学で教育学を専攻した教師となっています。このアトリエリスタとペダゴジスタが、保育者の教師としての専門性を高める重要な役割を担っています。施設は、ピアッツァ（広場）を中心として、アトリエが配置されており、子どもたちは「プロジェクタツィオーネ」と呼ばれる様々なプロジェクト型の表現活動に取り組みます。

　こうした子どもたちの表現を支える保育者の専門性に「3つのD」[13]があります。まず1つ目に、子どもたちのあそびや学びの過程を記録する「ドキュメンテーション（Documentation）」のD、2つ目に、そのドキュメンテーションの記録をもとに、保護者、地域の人々、保育者がともに語り合う「ディスコース（Discourse）」のD、3つ目は、子どもの活動とともにカリキュラムを「デザイン（Design）」するDです。ここで記録されるドキュメンテーションは、文字記録だけでなく、映像記録や写真記録、描写記録など様々な表現方法によって記録されます。これらの記録をもとに、保育者同士、あるいは保護者や地域の人々と語り合い、さらに新たな活動をデザインしていくわけです。こうした3つのDの積み重ねが、子どもたちの表現を豊かに育む礎となっているのです。

②リフレクション

　さらに、自身の保育を振り返ることが大切です。児童心理学者であった倉橋惣三の著『育ての心』に「子どもらが帰った後」[14]があります。

「子どもらが帰った後」
　子どもが帰った後、その日の保育が済んで、まずほっとするのはひと時。大切なのはそれからである。
　子どもといっしょにいる間は、自分のしていることを反省したり、考えたりする暇はない。子どもの中に入り込みきって、心に一寸の隙間も残らない。ただ一心不乱。
　子どもが帰った後で、朝からのいろいろのことが思いかえされる。われながら、はっと顔の赤くなることもある。しまったと急に冷や汗の流れ出ることもある。ああ済まないことをしたと、その子の顔が見えてくることもある。一体保育は……一体私は……。とまで思い込まれることもしばしばである。
　大切なのは此の時である。此の反省を重ねている人だけが、真の保育者になれる。翌日は一歩進んだ保育者として、再び子どもの方へ入り込んでいけるから。

リフレクションの大切さが伝わることでしょう。自分の保育を振り返ることが明日への保育につながることを忘れずに、子どもの表現と日々向き合っていきたいものです。

5 情報機器を活用した表現と創造性

GIGAスクール構想のもと、小学校ではプログラミング教育の導入が始まり、「学び」のSTEAM化が始まっています（経済産業省、2020）。保育・幼児教育においても、STEAM教育や多言語等、これからの保育の課題に対応した、園で使いやすいアプリの開発やそれを活用した実践についての研究がさらに展開・発展していくことが期待されています（秋田他、2019）。領域「表現」においても、情報機器を活用した新しい表現を模索していく必要があります。

ここでいう情報機器の活用には、大きく2つの側面があります。すなわち、「子ども自身の表現方法としての活用」と「保育者による保育実践への活用」です。子ども自身の表現方法としての活用例では、タブレットを用いて子ども同士による物語づくりの動画作成（七松幼稚園、2021）や、タブレットでお化け屋敷のBGMづくり（荒尾第一幼稚園、2021）、ビジュアルプログラミング言語viscuitを用いた繰り返しのプログラムづくり（渡辺他、2021）等が挙げられます。いずれの表現方法においても、子ども自身が様々に「試すこと」が大切であり、子どもたちは試しながら新たな表現を模索していきます。このように子ども自身が様々に試していく様子を「ティンカリング」ということができます。ティンカリングとは、「現象、道具、素材をいろいろ直接いじくりまわして遊ぶこと」[15]とウィルキンソンが定義していますが、子どもたちは実際に様々にいじくりまわすなかで、新たな発想を得たり、それが創造的な思考へとつながったりするわけです。

一方、保育者による保育実践への活用を見てみると、「プロジェクター」の活用を挙げることができます。プロジェクターを光源として、発表会の一部に影絵を取り入れたり、超短焦点プロジェクターであれば、ほぼ垂直に投影可能なので、物語の背景をPowerPoint等で作成したスライドを映し出したり、演じている子どもたちの背後に映像を映し出したりすることも可能です。いずれの活用においても、保育者は子どもの表現したい思いを受けとめ、それを支える手立てを持つことが大切であり、その表現を支えるひとつの手段として情報機器を活用することにより、子どもたちの新たな文化を形成する一助となるものと考えられます。

以上の内容を踏まえ、本書では第1章に子どもの表現に関する「よくあるギモン」30例を扱っています。左ページには、ギモンや困りのシーンを例示し、右ページでは解決のためのポイントを示しています。

第2章では、子どもの創造性を豊かにする表現あそびを20例紹介しています。

第3章では、幼保小の連携・接続において、どのように子どもの創造性を豊かにすることができるか、考え方や理解を示しました。

　理論と実践を往還しながら本書が日々の保育に役立つことを期待します。

〔引用文献〕

1）3）4）5）8）文部科学省（2017）「幼稚園教育要領」

2）文部省（1964）「幼稚園教育要領」

6）9）津守真（1987）『子どもの世界をどうみるか－行為とその意味－』NHK ブックス

7）大場牧夫（1996）『表現原論－幼児の「あらわし」と領域「表現」－』萌文書林

10）小川博久（2004）「音楽教育に携わる人に望むこと」、『音楽教育実践ジャーナル』Vol.1、No,2、日本音楽教育学会、pp.5-7.

11）Sawyer, R.K.（1999）*Improvised Conversations; Music, Collaboration, and Development*, Psychology of Music, No.27.

12）Hargreaves, D.J.（1999）*Developing Musical Creativity in the Social World*, Bulletin of the Council for Research in Music Education, No.142.

13）秋田喜代美（2003）「レッジョ・エミリアの教育学」佐藤学・今井康雄編『子どもたちの想像力を育む－アートの教育の思想と実践－』東京大学出版会

14）倉橋惣三（2008）『倉橋惣三文庫3　育ての心（上）』フレーベル館

15）ウィルキンソン、カレン・ペトリッチ、マイク（2015）『ティンカリングをはじめよう－アート、サイエンス、テクノロジーの交差点で作って遊ぶ－』金井哲夫（訳）、オライリー・ジャパン

〔参考文献〕

宮原英種・宮原和子（2002）『応答的保育の研究』ナカニシヤ出版

経済産業省（2020）「「GIGA スクール構想」の上で描く「未来の教室」の姿」https://www.mext.go.jp/content/20200226_mxt_syoto01-000004170_03.pdf（2022.11.11 閲覧）

秋田喜代美・野澤祥子・堀田由加里・若林陽子（2019）「保育におけるデジタルメディアに関する研究の展望」、『東京大学大学院教育学研究科紀要』、第 59 巻、pp.347-372.

学校法人七松学園認定こども園七松幼稚園（2021）「幼児教育における ICT の活用」、https://www.mext.go.jp/content/220523-mxt_youji-000014566_1.pdf（2022.11.11 閲覧）

令和 3 年度幼児の体験を豊かにする ICT 実践事例集作成委員会 / 学校法人七松学園認定こども園七松幼稚園（2021）「令和 3 年度幼児の体験を豊かにする ICT 実践事例集」https://www.mext.go.jp/content/220523-mxt_youji-000014566_2.pdf（2022.11.11 閲覧）

渡辺勇士・中山佑梨子・原田康徳・久野靖（2021）「幼稚園児のビスケットプログラムにおける繰返し続けるプログラムの理解の分析」、『情報処理学会論文誌 教育とコンピュータ』、Vol.7、No.1、pp.38-49。

CONTENTS

第1章　よくあるギモン㉚

第1章

よくあるギモン

子ども同士の刺激は大切？

「他の幼児の表現に触れられるよう配慮」とは、具体的にはどのようにすればよいのですか。

【 1歳ごろ〜 】

保育者

集中して描いている子どもが
多いけど、今、声をかけても
大丈夫？

なぜだろう？ 保育者のギモン

子どもが静かにつくったり、描いたりしている時に声をかけてよいか迷います。

お答えします！

解決の糸口

表現している最中であっても、タイミングを見て他児にその表現を紹介しましょう。子どもは同じ空間で同じ時間を過ごす仲間の姿から、新たな発想を得て、より楽しく取り組めるきっかけになることもあります。

保育者

何を描いたの？

Answer

できあがった表現を発表し合う、伝え合う時は、「○○さんは何を描いたの」等、言葉と結び付けることを意識しましょう。お互いの表現が刺激となり、新しい表現方法を思い付いたり、意欲へとつながったりします。

「上手ね」など、画一的な言葉かけにならないようにしましょう。「よく見て描いたね」など、工夫したところやこだわったところを取り上げ、他児と共有することが大切です。

NG

コロナ禍、対面することの大切さ

コロナ禍では人と接することが制限され、物理的に離れている人とつながれる情報機器が多用されました。しかし、乳幼児は、視覚や聴覚からの刺激と併せて直接人やモノにふれることで得られる情緒的な関わりが基盤となり発達・発育していきます。命の保障を前提としつつ、発達の特性を考慮した保育を工夫しましょう。

Point

「他の幼児の表現に触れられるよう配慮」とは？

この文言は、幼稚園教育要領等に示されています。子どもの表現の仕方や楽しみ方は一人ひとり異なっています。一見、関わりがない子ども同士であっても、同じ空間で過ごすことで受ける刺激があることと念頭に置き、言葉かけや素材や材料の配置、展示方法などの環境構成を工夫しましょう。

2 メディアに依存した表現あそびはよくないの?

踊ったり歌ったりするのがちょっと苦手。ついついDVDやCDに頼りがちに。最近では音楽も動画もかなりYouTube頼みに……。これってダメでしょうか?

保育者

> 楽しんでいるけど、
> 画面に集中しすぎるのは
> よくないよね……。

なぜだろう? 保育者のギモン

子どもも喜ぶし、なにより便利なのでついメディアに頼ってしまいます。本当は「モノ」ではなく「ヒト」同士のコミュニケーションを通じて表現を楽しみたいのですが、表現力に自信がありません。どうしたらよいでしょうか。

お答えします! 解決の糸口

子どもにとって保育者が一緒に踊ったり歌ったりすることが嬉しいのです。上手かどうかは全く問題ではありません。はじめはメディアを利用しつつ、徐々に「画面ではなく顔を見て」行えるようにしていきましょう。

子ども

先生、踊りがまちがっているよ。

保育者

みんな上手ね。先生に教えてくれる？

「大人が子どもに教えるもの」という固定観念は捨てましょう。とりわけ表現領域は「子どもの方が先生」です。「一緒に楽しむ」「一緒に上達していく」つもりで肩の力を抜いて保育者自身が子どもとの交流を楽しみましょう。メディアはあくまでも一方向的ですが、ヒトとヒトは双方向的な関わりが可能です。「踊ること」自体がメインなのではなく、踊りを通して「人と関わること」が大切です。動きはさておき、互いに心が弾んでいればOKでしょう。

point

メディアも上手に取り入れて

自分で作詞・作曲・振付ができる場合を除き、普通は何かしらのメディアを利用します。上手に活用しましょう。ただしそれらは「目的」ではなく、あくまでも表現あそびを通じた他者との交流のための「手段」の一つです。子どものみならず保育者自身もワクワクするものを選びましょう。「先生が楽しそう」だと子どもにも伝わりますから。

環境設定の工夫

子どもであれば「お外で踊ろう」や「行進しながら踊ってみよう」など、ビデオを視聴しながらでは実施できないような設定をするのも面白いでしょう。また、保育者と子どもたちが対面で行うだけでなく、円やペアで向かい合わせなど隊形を工夫するだけでも変わります。音楽の代わりにみんなで歌いながら行うのもよいでしょう。

3 ごっこあそびはどのように工夫すればいいの?

子どもたちは身近な家族、園の先生、スーパーの店員さん、お医者さんなど、何かになりきってあそぶことが大好きです。ごっこあそびは、ただ見守っていればよいのでしょうか。ごっこあそびがもっと楽しくなるために工夫できることはありますか。

【 2歳ごろ～ 】

子ども

ごはんだよー。

保育者

わー、おいしそう。
（毎日同じことの繰り返し……。
これでいいのかな？）

なぜだろう?

保育者のギモン

ごっこあそびは，子どもの成長過程において、どのような働きがあるのでしょうか。いつも同じやりとりを繰り返しています。環境の構成を変えることによって、面白い発展は生まれますか。

お答えします!

解決の糸口

同じテーマが繰り返されるにしても、年齢と共に会話の内容や再現する行為は豊かなものとなります。最初は日常生活を表すことから始まるので、身の回りの道具を工夫して環境に取り入れてみましょう。

子ども

（電子レンジが鳴る音を口ずさむ♪）
はい、スパゲッティあっためたよ。
おいしいよ。どうぞ。

段ボール箱などを利用してキッチンにある道具をつくり、ままごとコーナーに置いてみましょう。道具を見ることで身近な出来事を思い起こし、新たなあそびのイメージがわき出てきます。

保育者

わー、おいしそう。あつあつだね。
いただきます！　ふ〜ふ〜。お水もらえますか？

保育者が「新しいおもちゃがあるよ。ほら見て。こんなふうにできるよ。わー、面白い！」など、子どものあそびを先回りして行動することは控えましょう。

NG

ごっこあそびは日々の生活が出発点

子どもは見たり聞いたりしたことをもとにして、想像の世界をつくり上げています。実際に自分の手足を動かして体験したこと、テレビで見たこと、絵本で読んだことなどを新しく組み合わせているのです。園で行う季節の行事やイベント、地域との交流もごっこあそびの楽しさを広げるヒントになります。

Point

あそびに夢中になれる場所づくり

家庭にキッチン、リビング、お風呂などの目的に沿った空間があるように、ごっこあそびにも拠点となる場所が保障されることが大切です。可動式の床マット、畳、カーペット、低い衝立や仕切りなどを活用しましょう。子どもがイメージしたモノをすぐにつくることができるように、廃材などは手に取りやすい形で整えておくと豊かな展開につながります。

Q 4 ピアノが苦手な私にもリトミックはできる?

専門講師によるリトミックが、月に数回行われます。子どもと一緒に参加している時は楽しいのですが、自分自身が保育中に取り入れることはありません。ピアノが上手に弾けないので難易度が高く、敬遠しているところもあります。

【 2歳ごろ〜 】

講師

♪バスバスはしる〜、
バスバスはやい〜、ストップ!

保育者

子どもと歌ったり動いたり
するのは楽しいけど……。
ピアノは苦手だし、無理かな?

なぜだろう?
保育者のギモン

子どもは音楽が聴こえると、全身を弾ませたり左右に揺れたりしています。音楽と動きには関連があるのですか。音楽に合わせて行う「リトミック」には、どのような考えが込められていますか。

お答えします!
解決の糸口

リトミックは音楽を耳だけで聴くのではなく、動きながら見ながら身体の諸感覚全てを使って行う音楽教育です。苦手なピアノを無理して弾かなくても、自分の声や体を使って心地よくリズムを表すことから始められます。

子ども

♪ ぶんぶんぶーん、
……ぶんぶんぶーん。

保育者

♪ ぶんぶんぶーん、はちがとぶ、
おいけのまわりにのばらがさいたよ。

最初は好きなあそびの時などに個別にふれあうのもよいでしょう。短く分かりやすい曲を歌いながら♪に合わせて歩く、手拍子をするなどしていると、徐々に音楽にのる心地よさがクラスの中へと拡がります。

子どもの様子をよく観察しましょう。保育者がピアノを弾くことで精一杯な場合には、もう一人の保育者が動きのモデル役となり進行していくなど、子どもにとって楽しいひと時となる工夫が必要です。

Check

「聴いてみたい」気持ち・よく動くからだ

音楽には、コミュニケーションとしての働きもあります。子どもが心に描いたことを自由に体で表現できることは、日常生活においても望まれるものです。保育者の合図や指示に従うばかりではなく、子どもが「聴いてみたい」と内的欲求を起こすことができるような環境づくりや対応が大切です。

Point

模倣することで発見のセンスを磨こう

リトミックは、音楽と動きを融合した教育法です。自然や生活の中にある音、リズムも取り入れてみましょう。子どもが関心をもっている生き物の動きを模倣する、それに関連するシンプルな歌や音楽を探して動きと一緒に表してみるなど、保育者の発想を柔軟にすることも有効です。

5 ブロックや積み木などを 友達と共有するのが難しい時は?

ブロックや積み木あそびが大好きな3歳の子どもたち。友達と同じ積み木の取り合いになり、ブロックも「この色じゃなきゃ嫌だ」などと取り合いになってしまいます。

【 3歳ごろ 】

子ども
あのブロック使いたい!

保育者
そうだよね、使いたいね。
でも今は○○さんが使っているね。

なぜだろう? 保育者のギモン

どうして子どもは先に友達が使っているブロックをほしがったり、いつも同じ形の材料を取り合ったりするのでしょうか。数に限りがあるので、毎回トラブルになり困ってしまいます。

お答えします! 解決の糸口

3歳児は、目に入った瞬間に魅力的であると感じたモノをその場で手に入れて使ってみたくなります。言い換えると自分でやってみたい意欲が高まっているからこそ、友達とぶつかることもあるのです。

保育者

〇〇さんは何つくりたい？

子ども

怪獣だよ。

「〇〇さんにブロック貸してくれるか聞いてみようか」「どんな形の恐竜にしよう？」などと子どもの気持ちや立場に立って一緒に考える姿勢で援助します。

「先に使っているからダメだよ！」などと頭ごなしに大人が指示をすると、子どもが自分で考えて対処しようとする力が育ちません。

NG

言葉の代わりに手が出てしまうことも

　３歳児は、相手のことにまで思いが至らない「自己中心性」が強い世界にいます。特に１学期は自分の思いをうまく言葉にできないもどかしさから、手が出てしまうこともあります。子どもがトライ・アンド・エラーで挑戦しながら友達とあそぶ楽しさに気付く過程を支えます。

Point

「自分は楽しい」から「一緒で楽しい」へ

　面白いものを独り占めして楽しみたい時期がどの子にもあります。成長の過程では、集中して一人であそぶ時間も大切です。しかし、一人であそぶことから、友達に関心をもつ変化の時期が訪れます。独り占めして、周りから非難されて独りぼっちになる経験も、相手の存在に気付く成長のプロセスなのです。

6 友達の表現を真似てばかり……。 それって悪いこと?

絵を描くと上手な子の隣に座って真似をして描く子がいます。それって止めた方がよいですか。

【 3歳ごろ 】

子ども

先生、見てみて！
お花とちょうちょを描いたよ。

保育者

二人ともお花と
ちょうちょを描いたのね。
仲よしさんだね。

なぜだろう? 保育者のギモン

A児とB児は仲がよく、お弁当で座る席も隣同士。A児が絵を描くとB児も真似をして絵を描きます。B児はそれで楽しいのか心配ですし、このままで主体性が育つのか心配です。

お答えします! 解決の糸口

初めは友達の真似をして一緒であることや、友達のやり方を取り入れて安心しています。友達のやり方を充分に真似て満足すると、やがて自分なりの方法を試すようになります。

保育者

B さん、いつも先生の
お手伝いしてくれてありがとう。

子ども

うん。

友達の真似をすることだけでなく、B児の具体的な長所を認めて褒めましょう。模倣が上手な子は、観察力があり、周囲の状況によく気付ける人であるということです。

「自分で考えてやってみよう」等と保育者から言われると、今の自分が否定されたと感じます。友達から学んでいる姿を肯定的に受けとめましょう。

NG

今は力を蓄えている時期

例えば友達の絵をそっくりに模倣するということは、自分にはないアイデアや、画材の使い方を学ぶこと等、幅広い経験をしているのです。こうして蓄えられた力は、やがて表現の意欲として芽生えます。信じて待つ姿勢が大事です。

point

一人ひとりのよさを言葉に出して伝えよう

自分の表現を見てもらうことに抵抗がある子どもは、他者のよさに気付くアンテナをもっています。このタイプの子どもは目立たないことが多いので、保育者も見落としてしまいがちです。子どものよいところに気付いたら、できるだけその場で具体的に褒めて、自信を育むように心がけましょう。

7 戦いごっこをしていても大丈夫?

園の生活に慣れてきたら、戦いごっこのような激しいあそびが多くなって心配です。戦いごっこをしていても大丈夫でしょうか?

【 3歳ごろ 】

なぜだろう?　保育者のギモン

なぜ、子どもは戦いごっこをしたがるのでしょうか。ケガが怖くて、どこまでさせていいのか判断が難しいです。

お答えします!　解決の糸口

格好いいヒーローに自分もなってみたいと憧れ、主人公のように振る舞い、強くなった気分を味わうことはむしろ自然なことです。保育者もあそびに参加して、面白いあそびの要素を認めながら、エスカレートしないようサポートします。

子ども

変身!!

保育者は関心をもって一緒に楽しむ姿勢で関わりながら、面白いところやよいところは具体的に褒め、危ない行為はきちんと理由を伝えて止めましょう。

保育者

○○ライダーなの?
素敵なベルトね!

見守るだけは NG です。特に言葉も十分でない時期の3歳児は、相手の気持ちに気付くこと、自分の気持ちを伝えるための援助が必要です。保育者の援助によって安心してあそべます。

Check

武器や防具をつくる

自分が戦うための武器は子どもにとってあそびを演出するための大切なアイテムです。紙の箱などを使った防具や剣などを使うことも多いでしょう。剣先が尖ってケガをしないように気を配ります。箱や紙をくっつけたり、色を塗ったりする過程も楽しみましょう。

Point

ルールを決める

3歳児は相手の気持ちまで思いが及ばないところがあります。顔や腹など、たたくと危険な場所を攻撃しないこと、相手が嫌がっていたらそれ以上はしないなど、保育者がその場面で必要に応じて止めて伝えます。段々とお互いが楽しくあそぶためにどうすればよいか子どもが考えるように促します。

Q 8 「元気よく歌いましょう」はNG?

「元気よく歌いましょう」と言うと、子どもが大きな声を出そうとして怒鳴ってしまいます。どうすれば子どもらしい自然な声で歌唱を楽しめるでしょうか。

【 3歳ごろ〜 】

子ども

うるさいなあ。
みんなの声が聴こえないよ！

保育者

元気よく歌いましょう！

なぜだろう？ 〔保育者のギモン〕

しっかり声を出して歌ってほしいのですが、怒鳴って音が大きく外れてしまったり、力んだ声で他児の声を圧倒してしまったりします。生き生きと集中して歌うことを楽しむためには、どのような働きかけをすればいいですか。

お答えします！ 〔解決の糸口〕

大声を出すのは先生の注意をひきたいからかもしれません。「大きな声で歌う」ことを求めるのではなく、まず保育者が「こう歌いたい」というイメージをもち、子どもの自然な歌声をどうやって歌の世界に導くかを考えましょう。

保育者

> ○○さんの歌い方、素敵だね。

自然で無理のない発声で、曲の雰囲気を感じながら歌っている子どもに注目します。歌声のよさ（明るい、柔らかい、伸びやか、言葉がよく聴こえる等）を共有して、歌声・歌い方にも意識を向けてみましょう。

声は「その人らしさ」と結び付いており、「声」を否定されると人格を否定されたように感じてしまいます。その子の「声」のよさを認め、安心して歌える環境をつくります。

NG

「元気に」を他の言葉で表現すると？

「元気に歌いましょう」という時、「生き生きと」「はつらつと」「楽しそうに」歌うことが期待されているのでしょう。しかし、「元気に」と聞いて「動きを大きく」「力強く」を連想し、身体に無理な力が入ってしまうこともあります。子どもの言葉を育むためにも、保育者自身の言葉のバリエーションを豊かにしていきましょう。

Point

曲の世界を感じるための働きかけを

まずは保育者がその曲の魅力を味わって歌いましょう。ゆったりした曲では、力を抜いて身体を揺らしながら「声がお空まです〜っと伸びていくよ」、リズミカルな曲では身体を動かしながら言葉のリズムを強調して歌うなど、それぞれの歌声を大切にしながら、情景を想像したり歌詞の響きを楽しんだりできる支援を心がけましょう。

9 お絵描きはたくさんの色を使った方がいいの?

せっかくきれいな色で素敵に描いていたのに気が付くと、最初に描いていた形が見えなくなるほど塗りつぶしてしまいます。色も濁ってしまい、「もったいない」と感じてしまいます。

【 3歳ごろ～ 】

保育者

あ、塗っちゃった……。

なぜだろう？ 〔保育者のギモン〕

たくさんの色を使ってお絵描きをすると、最後に全て混ぜて茶色や灰色になってしまいます。どのように対応したらよいのでしょうか。

お答えします！ 〔解決の糸口〕

まず、子どもがお絵描きしている姿をよく観察しましょう。何かを伝えたくて一生懸命に描いた結果なのか、あまり使ったことのない描画材と出会いウキウキしているのか、子どもの表現や姿に込められた思いを探ることから始めましょう。

子ども

> 見てー！

保育者

> たくさん描いたね。もっと、描く？

何かを伝えたくて一生懸命に描いた結果であれば、「たくさん描いたね」「見てると先生まで元気になっちゃう」等、前向きな感想を伝え、受けとめた上で、「新しい紙に描く？」と提案してもよいでしょう。

新しい描画材や色と出会ったら、子どもも大人と同じで試したくなります。テーマのある絵や作品として残したい絵を描く場面では、使い慣れていない描画材は避けましょう。

NG

描画材や道具と仲よくなる

大人から見ると、せっかく描いた絵を塗りつぶしてしまっているように見えるかもしれませんが、子どもにとっては出会った描画材や道具、色のことをよく知りたいと試している最中かもしれません。子どもが、モノや色と十分に関わり、その特徴を知る時間と場を確保することが大切です。

Point

過程を大切に

まず、子どもがお絵描きしている姿をよく観察し、子どもの表現に込められた思いを探ることから始めましょう。特に3歳前後の子どもは、描きながら目的が変わることも多いです。どうしても「作品」として残したい場合は、塗りこんでしまう前に、新しい紙に替えるかどうか声をかけてみてもよいでしょう。

Answer

10 身体表現あそびはどうやって 広げたらいいの?

身体表現あそびをやりたいのですが、まねっこあそびしかレパートリーがありません。

【 3歳ごろ〜 】

保育者

今日は、みんなでゾウさんに
なってみましょう。

子ども

え〜。またぁ〜?

なぜだろう？ 保育者のギモン

リズムダンス以外にも身体表現あそびにチャレンジしたいのですが、結局、動物まねっこや忍者ごっこなど、やることがいつも同じになってしまいます。他の身体表現あそびを教えてください。

お答えします！ 解決の糸口

まねっこのやり方・対象を広げてみてはどうでしょうか。動植物だけでなく、物（掃除機、虹）や形（○、☆）、文字・数字もできます。友達と協力するのも楽しいです。また、表現を特別な活動と捉えずに、日常の中の気付きとつなげてみましょう。

子ども

> うわぁ〜。すごい風！

保育者

> わー、先生飛ばされる〜。
> みんな〜、助けて〜。

実際に屋外に出て風を感じてみます。自分でもオーバーに表現しつつ、子どもの様子をじっくり観察します。風に「飛ばされる」、風自体になって「走り回る」、飛ばされそうになる子を「つかまえる」、風になびく「洗濯物」など、日常の体験を発想の源泉として豊かな表現が生まれます。「他に風の吹くものは？」と聞くと、扇風機やドライヤー、地下鉄の駅などもたくさん出てきます。自由な発想力を子どもに教えてもらいましょう。「子どもが先生」です。

いっそのことまねっこあそびを もっと広げる

ゾウのまねっこでも、みんなで１頭のゾウをつくる【みんなでひとつ】、ゾウの鼻の動きを全身でまねする【部分に着目】、ダンボのように飛んでみる【空想の世界】などもできます。風のまねっこでも、「音は？」「色は？」「においは？」と言語・音楽・造形も交えて総合的な表現につなげます。オノマトペにしてから身体で表現するのも楽しいでしょう。

Point

表現は特別な活動ではない

身体表現あそびとして「これをやろう」とあらかじめ用意するのではなく、日常の小さな自然に目を向けて、その気付きや感動を保育者が大げさに子どもに伝え（表現し）、共有することにより、予定調和ではない「実感・実体験に基づく表現」が自然に生まれてきます。そのために普段から保育者自身の感性を磨いておくことが肝心です。

11 子どもと歌を歌う時に配慮することは?

子どもに新しい歌を教える時、いつもなかなか覚えてもらえず、困っています。
どうしたら、子どもがすぐに歌詞を覚えて歌えるようになるでしょうか。

【 3歳ごろ〜 】

保育者

昨日歌った歌、
今日は歌えるようになるかな。

なぜだろう?

保育者のギモン

アニメソングやメディアから流れて
くる歌は、すぐ覚えて歌えるのに、
園で歌う歌は、なかなか覚えられな
いことがあります。どうしてでしょ
うか。

お答えします!

解決の糸口

まず、特徴的なフレーズから歌って
みましょう。特徴的なフレーズは覚
えやすいので、子どもも楽しく歌え
ます。次に、そのフレーズの前後を
付け足して歌ってみましょう。だん
だん歌えるフレーズが長くなってい
くはずです。

（保育者）

今日は「森のくまさん」を歌ってみましょう。

初めからピアノで伴奏して歌うのではなく、伴奏なしでワンフレーズごとに歌ってみましょう。メロディだけ弾いて歌ってみるのもよいかもしれません。また、歌詞を楽しんで覚えることができるような工夫があると、早く覚えることができます。慣れてきたら、少しずつ伴奏を入れてみましょう。難しい部分や歌詞が混乱しそうな部分は、「今のところ、先生もう一回聴きたいな」等と声かけしながら、何度も繰り返し歌うと安定していきます。

みんなで歌うと楽しい！気持ちいい！

特徴的なフレーズから歌ってみるだけでなく、難しい部分は区切って繰り返し歌ってみたり、歌詞が混乱しそうな部分はペープサートや紙芝居といった視覚的要素を取り入れたりしてみましょう。正しい歌詞や音程を覚えることにとらわれ過ぎず、みんなと一緒に歌うことが楽しい、一緒に歌うと気持ちいい、と思えるような指導を心がけましょう。

Point

子どもの声域や興味に合った選曲を

子どもの声域は、もちろん年齢や個人差もありますが、およそ1オクターブ前後を想定しておくとよいでしょう。低年齢ほど音域は狭いので、年齢に合わせて音域を広げた選曲をするとよいと思います。同じフレーズを繰り返す歌や、歌詞が追いかけっこする歌、身体を動かしながら歌う曲なども、歌詞を覚えやすいポイントになります。

12 造形活動の時、見本は必要?

【3歳ごろ〜】

造形活動の時、見本になる作品を用意した方がよいのか迷います。見本があると子どもがそれを真似するように思います。また、何をどうつくったら(表現したら)よいのか分からない子どもにとっては、見本が助けになるようにも思います。

保育者

大切なものを入れる宝箱を
空き箱でつくってみました。
素敵でしょ?
何を入れようかな?

なぜだろう? 保育者のギモン

作品の見本を示すことは、子どもの自分なりの表現を阻むことにはならないでしょうか。イメージを膨らませて、様々な材料を手に取り試行錯誤しながら、自分の作品をつくってほしいと思っています。

お答えします! 解決の糸口

子ども

先生と同じもの(作品)が
つくりたい!

見本の種類を複数用意してみましょう。見本で使った材料以外にも、様々な材料を用意してみましょう。子どもが見本に魅力を感じたなら、その気持ちを受けとめ、つくりたいという気持ちを大切にしましょう。

保育者

絵を描いたり、折り紙や布を
貼ったりしても楽しいね。

保育者

こんなふうにつくっても
素敵な宝箱になりそうね。

見本と同じ材料でつくり始めて
も、つくる過程で自分なりの表現
を見つけることができるようにし
ましょう。材料の並べ方を工夫し
たり、つくっている途中で友達の
作品を紹介したりするなどの方法
が考えられます。

「真似はダメ」といった発言
は、つくりたいと思う気持ち
を否定することにつながりか
ねません。まず、子どものつ
くりたいという気持ちを大切
にしましょう。

NG

気付いたことを伝え合い、つくる過程を大切にする

工作だけではなく描画活動の時も見本を示す
かどうか、悩むことがあるかと思います。ス
タートが見本と同じようにつくりたい、描き
たいという気持ちでも、保育者や友達と一緒
に表現活動する過程で、考えていることや気
付いたことを伝え合ったり、自分なりの表現
を見つけたりしていきます。

Point

見本は様々な材料や表現方法で

子どもにとって見本の作品が正解やゴールに
ならないように、見本の提示を工夫しましょ
う。色や形、素材が異なる見本を複数用意す
る、描く時も、具体的な絵、模様など、いく
つか種類を用意しましょう。また、材料も子
どもたちがイメージを膨らませながら選ぶこ
とができるよう、いろいろな色や形、大きさ、
素材を準備するようにします。

 **型のない、子どもの自由な身体表現の指導が難しい……。どうしたらいいの?**

ウサギは頭に手を乗せてぴょんぴょん、ゾウは腕を振ってぱおーん。みんな同じ表現になってしまうのは、どうしたらよいのでしょうか?

【3歳ごろ〜】

なぜだろう? 保育者のギモン

個性豊かに自由な表現をしてもらいたいのに、ウサギやゾウやキリン、お花など全員同じ形になってしまいます。多様な表現を引き出すためには、どうすればよいですか?

お答えします! 解決の糸口

同じになってしまうのは大人が「記号」としての限定的な見本を見せてしまっているからです。機会があれば「本物を見る・ふれる」体験をしてみましょう。一方、感じたことの共有という意味では同じ表現も大切です。

保育者

ウサギさん、どんな感じだったかな？

子ども

ふわふわだったー。ねてたー。
むしゃむしゃ食べていたー。

実際に見たものやふれたものがどんな感じだったか、子どもが自分で考えたり話したりすることで、イメージがよりクリアになります。「どうやって寝ていたかな？」など具体的に質問してみましょう。

Check

みんなと同じ表現でももちろん間違いではないので、他の子と違う表現を無理やり考えさせる必要はありません。「仲よしだね」「親子のウサギさんだね」などの声かけもよいですね。

「表現する」前に、「感じる」を大切に

多様なインプットが多様なアウトプットにつながります。姿形だけではなく、「何をしているか」「どんな感じか」「どんな肌触りか」「どんなにおいか」など、全身で生き物や植物を感じることで、それぞれの感じ方・考え方は無限に広がります。絵や写真でもOKですが、できれば動画、さらに可能であれば、本物に出会う直接体験が理想です。

Point

動きの「化学反応」も見逃せない

友達と同じ動きをするのはとても楽しいものです。「独自の表現」にこだわりすぎなくてよいでしょう。また最初は同じでも、友達と一緒に活動を続けることで動きが次第にエスカレートし変化してゆくことも少なくありません。まるで化学反応のように「最初とは別物」の動きも出現します。じっくりあそび込んでみましょう。

14 手や足が汚れることを極端に嫌がる子への対応は?

手や足が汚れることを嫌がる子どももいます。土あそび泥あそびはもちろん砂場に入ることもありません。粘土あそびや絵の具で手型をとったり、ボディ(ハンド)ペインティングも嫌がり、糊やボンドに直接ふれたりすることもできません。

【 3歳ごろ〜 】

保育者

手や指に絵の具をつけて、
お絵描きしてみましょう。

子ども

汚れるからイヤ。

なぜだろう? 保育者のギモン

いろいろなモノの感触を楽しんでほしいのに、「汚れるから」といって触りません。他の子どもたちは楽しそうにしているのに、どうして?

お答えします! 解決の糸口

特定のモノを触ることに強い抵抗を感じている場合があります。みんなと同じ活動を同じように経験しなくても、それを補う活動を考えましょう。その子が納得して楽しめる方法を相談しながら一緒に探します。

保育者

触るとどんな感じがする？
どんな音？　どんな色？

子ども

ペタペタする！　カサカサ、ぼこぼこ！
茶色、灰色！

直接素材にふれなくても感触を味わったり、あそびを楽しんだりすることができるよう、活動を広げて考えてみましょう。触覚だけではなく、聴覚や視覚など他の感覚で楽しめるよう、モノの音や匂いなどが感じられる活動や言葉かけも考えてみましょう。

繰り返し「みんなと一緒にやってみよう」「頑張って触ってみよう」と誘うことや、「触ったみんなは気持ちいいよね！」と、その子が孤立するような言葉かけをすることは避けましょう。

NG

諸感覚に働きかけるあそびへと広げてみる

感触あそびは素材に直接触ることが前提ですが、活動のねらいを少し広げて諸感覚に働きかける活動として考えてみましょう。モノの匂い、音、色や形を感じるあそびを考えてみましょう。「どうしたらできるようになるか？」から「活動をどのように広げたら経験することができるか？」という視点で考えることが大切です。

Point

土や粘土、絵の具やスライムなどをビニール袋に入れて触ってみる

直接触ることが苦手でもビニール袋やラップの上から、粘土や絵の具、スライムなどを触ってみることから始めてもよいかもしれません。画用紙の上にチューブから直接出したカラフルな絵の具の上にラップを置いて、その上から指で押すと思いがけない混色や色の広がりを見ることができます。

15 みんなと一緒の活動に参加しない 子どもへの対応は?

みんなでダンスをする時、いつも踊らない子どもがいます。そのような子にはどのように関わっていけばよいですか?

【 3歳ごろ〜 】

保育者

みんなで踊ったら楽しいよ。

子ども

私、やりたくない……。

なぜだろう? 保育者のギモン

極度の恥ずかしがり屋というわけでもなさそうなのに、なぜかみんなで踊る時に参加したがらない子がいます。発表会ならまだ分かりますが、普段の活動の中でそのような行動をとる子どもには、どのような対応をすればよいですか。

お答えします!

解決の糸口

踊るのも表現なら踊らないのもまた立派な表現です。みんなが踊る様子を見ることの方が好きなのかもしれませんし、その時は踊らなくてもお家で踊るかもしれません。無理強いせずに、しっかり見守りながらゆっくり待ちましょう。

保育者

> ○○さん。先生、間違えないように、見守っていてくれる?

子ども

> うん。あ、先生、間違えているよ。

活動自体に参加はしていなくても、「その場にいる」ことには変わりはないので、他の子と同じくらいにしっかり見守りましょう。実は心の中では踊っていたり、集中して曲を聞いていたりする場合もあります。

> 「みんなと一緒に練習しないと、発表会に出られないよ」など、未来のことを言ったり、プレッシャーをかけたりするのは絶対にやめましょう。

NG

その子なりの表現や参加の仕方を認めて

自然に踊りに参加することよりも、むしろ「踊らない」という表現の方が強い意志の表れなのかもしれません。踊る子もいれば踊らない子もいる、それでもその場が成立するのが表現領域の素晴らしいところです。CDボタンを押す係、見守る係など「頼りにされている」と思えるように工夫しましょう。参加の仕方はいろいろありますね。

Point

その行動につながる背景は

参加しない理由として「本当は踊りたいのに、以前誰かに笑われてしまったから」というケースもあるかもしれませんし、そもそもその曲が嫌いなのかもしれません。「踊る踊らない」という表面的な結果よりも、「踊らない」という表現(選択)に至った過程(心の声)に丁寧に耳を傾け、それでも「大丈夫」ということをしっかり伝えましょう。

Q 16 あそびをなかなかやめられない時は？

片付けの時間になってもあそびをなかなかやめられない子どもがいて困っています。その子の気持ちに寄り添いたいと思うのですが、他の子どもたちが一生懸命片付けをしているのに、その子だけ特別というのもどうなのかな……と対応に迷ってしまいます。

【 4歳ごろ 】

保育者

> さっき、あともう少しつくったら片付けしようねと言ったよね？

子ども

> だってもっとあそびたいよ。終わりにしたくない。

なぜだろう？ 保育者のギモン

「ここまでやったらね」と見通しがもてるように声をかけて、そこまで終わっても結局あそびをやめられません。子どもが自分であそびに区切りを付けようという気持ちになるには、どのように関わったらよいのでしょうか。

お答えします！ 解決の糸口

「ここまで」という見通しが、保育者側の都合でなく"子ども自身の"見通しになっていますか。あそびへの取り組み方からどのような願いをもって進めているかを読み取り、その区切りや見通しを見極めたり、子どもと相談したりしてみましょう。

例 空き箱などを使った車の製作では…

保育者

> 車づくりを楽しんでいるから、
> いろいろな材料を用意しておこう。

保育者

> また明日、車工場で続きができるように
> 駐車場に入れておこうね。

車をつくることを楽しんでいることを受けとめ、いろいろな材料を用意しておきます。片付けが近付いたら、今やっていることまではできるようにして、「駐車場に入れようね」と片付けもあそびの延長になるようにしています。

片付けで子どもの目にふれずしまいこむことで、「もうあそべないかも」と思い、あそびをやめられないのかもしれません。子ども自身が「また続きができる」と安心できることが大切です。

あそびの満足感を得て、自分で区切りを付けられるように

保育者の都合で片付けてしまうと、あそびをやめることが難しいでしょう。一方で、それだけあそびを楽しんでいる表れでもありますね。子どもの楽しんでいることに十分に共感しながら、片付けを見通して、子ども自身が楽しんでいることの区切りがつくタイミングを見極めて、見通しがもてるように声をかけていくとよいです。

point

次への期待や楽しい見通しをもてるような環境を

片付け＝嫌なこと・面倒なことではなく、片付けも楽しいイメージがもてるように工夫しましょう。イラストの駐車場のように、つくった食べ物は冷蔵庫にしまう、お人形は寝る時間でベッドに寝かせる、お店屋さんには閉店の看板を付けるなど、また次に楽しいあそびの続きができるイメージをもてるように、環境を整えていきましょう。

Q 17 絵に苦手意識のある子どもへの対応は？

【 4歳ごろ 】

絵を描く活動で、苦手意識があるのか手が止まってしまったり、嫌がって描きたがらなかったり、少し描いては「うまく描けない」と別の紙を求めたりする子どもがいます。実は自分もあまり絵が得意でないので、どのように言葉をかけたらいいのか困っています。

保育者

好きなものを描いたら、
描く楽しさを味わえると
思っていたけれど……。

なぜだろう？ 保育者のギモン

絵を描く楽しさを感じてほしいのですが、どのようなあそびや活動、また方法を取り入れたらよいのでしょうか。進めていく時に、どのようなことに留意したらよいのでしょうか。

お答えします！ 解決の糸口

描くことは、家庭での経験や発達段階によって様々です。発達段階を考慮して表現自体を楽しめるように、技量に左右されない題材や方法を取り入れるとよいでしょう。そこで、一人ひとりが楽しんで表現している部分に共感していきましょう。

⑳ クレヨンを使った焼きそばの描画

保育者

> Aさんは、麺が大盛！　Bさんはトマトが
> たくさん入っているのかな？

子ども

> （私は描くのが苦手だけど）
> 楽しそう！　やってみようかな。

形を描くことにこだわらず、クレヨンでのびのびと描く楽しさを味わいます。イメージを支えるお皿やフライパンの形をした紙があることで、子どもの中で作品に"価値"が生まれ、描く楽しさや意欲がよりふくらみます。

> 「こう描かなくてはいけない」と思うと、上手く描けないと恥ずかしく感じて、描く楽しさは感じられません。子どもが「描きたい」気持ちになる題材や環境の工夫が必要です。

Check

技量に左右されないあそびを通して表現する楽しさを

にじみ絵や染め紙のあそび、デカルコマニーや絵筆をのびのびと滑らせるなど、技量に左右されず偶発的にできる面白さに気付き、表現する楽しさを十分に味わいます。取り組む形態も一斉活動ばかりではなく、やりたい子どもから参加できる環境を用意し、「やってみたい」という気持ちになった時にできる機会をつくり出すこともポイントです。

Point

発達段階や経験の積み重ねの見通しが大切

4歳児では発達段階を考えても、顔や全身を描くことは難しいでしょう。この時期は、例えば、一生懸命掘って収穫した大小の様々な芋の形に驚き、そこから形を描くなど、心を動かされた体験によって「描きたい」気持ちが引き出されます。4歳児ならではの視点や描き方が生まれる題材を選び、保育者自身も楽しむことが大切です。

18 楽器あそびはどうやって
取り入れたらいいの?

発表会前だけ倉庫から楽器を出すので練習という意識が強くなり、子どもに約束
事ばかり与えています。子どもが楽器とふれあう機会をつくるには、どのような
工夫や配慮が必要ですか。

【 4歳ごろ〜 】

楽器あそびを始めるよ。
「どうぞ」と言うまで、
鳴らさないでね。

子ども

……。
先生、練習終わったら、
あそべる?

なぜだろう?

楽器を大切に扱いたいので、保育者
が「あそび」と提案しても、子ども
にとっては「練習」になっています。
子どもが楽器を好きなように扱うと
収拾がつかなくなり、騒音も心配で
す。楽器あそびは、どのようにした
ら成り立つのでしょうか。

お答えします!

解決の糸口

様々なあそびの特性に応じて環境構
成をするように、楽器もその一つと
捉えてみましょう。音が聞き取りや
すく落ち着いた空間や時間帯が適し
ています。食後の休息時などにコー
ナーを設けて、少なめの楽器から試
すこともできます。

子ども

先生、ここであそんでもいい？

保育者

どんな音が見つかるかな。

子ども同士で混雑しないように他の
コーナーとの配置や人数のバランス
を予測して設定します。少しずつ楽
器を変えたり増やしたりして音色を
整理し、棚にはカーテンを付けるな
どの工夫をすると期待が高まりま
す。音当てゲームや音を使った宝探
しは、音への関心につながります。

タンブリンや太鼓などの叩く
ことで気分が高揚する楽器は、
テラスや屋外の一角をうまく
活用しましょう。動きを誘発
するので、静的なあそびより
動的なあそびと結び付きが生
まれます。

Check

ICTを活用しよう

音楽は、時間とともに消えてなくなってしま
います。子どもが即興で歌ったり奏でたりし
ている姿やその時の音を動画などで保存しま
しょう。保育者がよい聴衆となることで子ど
もは得意げに繰り返し、表現することに喜び
を感じることができます。

Point

音をつくってあそぶ楽しさ

手作り楽器も音に親しむよい機会となります。
身近な素材を利用してギターや太鼓をつくる
ことは、音の不思議さや面白さへの興味をか
きたてます。また、生の演奏や本物に出会う
ことは、何よりも子どもの心を動かす出来事
となるため大切な体験です。

19 子どもの表現を広げる言葉かけとは?

【4歳ごろ〜】

子どもたちが思い思いに表現しながらあそんでいる姿を大切にしていますが、保育者として、さらに子どもたちの表現を広げていくことに難しさを感じています。子どもの表現を広げるためには、どのように言葉をかけて関わったらよいのでしょうか。

保育者

素敵なダンスだな。
でも、この後、どうやって
関わったらよいのだろう……?

保育者

ごちそうをつくったみたい。
レストランごっこになりそう
だけど、どうしたらよい?

なぜだろう? 〔保育者のギモン〕

歌を歌ったり音楽に合わせて踊ったり、何かをつくったり描いたりするなど、子どもたちが思い思いに表現しながらあそんでいますが、その後の子どもたちの表現が、なかなか広がっていかないように感じています。なぜでしょうか。

お答えします! 〔解決の糸口〕

自分の表現を、子ども自身が"素敵なもの"と意識できるように、それぞれの表現する姿に共感していきましょう。子どもたちは、保育者や友達の共感を感じることで、さらに表現したいという気持ちが高まり、表現が広がっていきます。

子ども自身が、新たな表現の仕方を考えたりひらめいたりしていくきっかけとなるように、言葉を選んでやりとりしてみましょう。子どものイメージに寄り添い、明るく楽しい雰囲気を大切にしましょう。

「こうしたらよいのでは」という保育者からの提案があってもよいですが、「こうしましょう」「こうすべき」など、押し付けられたように子どもが感じる一方的な言葉はやめましょう。

NG

保育者がユーモアをもって、一緒に楽しむ

子どもの表現は、心が動いた時に初めて表されるものです。表現することが止まって見えるときは、次の新たな表現をする気持ちがわくように、保育者もそのあそびを一緒に楽しみたいという気持ちで関わりましょう。保育者の感性をよく働かせて、明るさやユーモアを感じられる言葉でやりとりしていきましょう。

Point

子どもの表現にわくわくするような名前をつけてみる

鬼あそびや伝承あそびのように名前のつくあそびもありますが、子どもが表現するあそびは、はっきりした名前があるわけではありません。素敵な表現の姿を名付けてみることで、子どもが自分の表現を意識したり、他の子どもがそのあそびに気付いたりします。子どもが表現したものやあそびに、わくわくする名前をつけてみましょう。

20 Q 子どもに「つくって」「描いて」と言われたら?

つくったり描いたりするあそびの中で、思うようにできないと感じた子どもから、「先生、つくって」「先生、描いて」「先生、やって」と言われる時があります。子どもの気持ちをどのように受けとめ、どのように関わったらよいのでしょうか。

【 4歳ごろ〜 】

子ども

先生、お面つくって!

保育者

……。

（私が、描いていいの？）

なぜだろう？ 保育者のギモン

あそんでいる最中、つくったり描いたりする場面で、子どもが自分で取り組まずに、「つくって」「描いて」「やって」と言いながら、すぐ保育者に助けを求めにくることがあります。なぜでしょうか。

お答えします! 解決の糸口

年齢が上がると、「あんなふうにつくりたい」「こんなふうに描きたい」という子どものイメージが明確になってきます。やりたいことがあるけれど、それがうまくできないことの難しさを一緒に受けとめ、共に取り組んでみましょう。

子ども

先生、お面つくって！

保育者

どんなお面にしたいの？

Answer

どんなふうにつくったり描いたりしたいのかを、やりとりの中で引き出しながら、具体的に形にしていきましょう。保育者は、子どもがイメージを形にしていく時の手助け役として関わっていくとよいでしょう。

保育者のイメージだけで、どんどんとつくり上げたり描き上げたりすることはやめましょう。反対に、「自分でつくったら」などと、子どもにそのまま返してしまうこともやめましょう。

NG

「過程」を大切にしながら、楽しさを共有する

子どもは、保育者と一緒につくったり描いたりすることで、表現していくことの楽しさを感じます。できあがったものも大切ですが、表現していく過程（プロセス）自体がとても大切です。保育者が、実際に子どもの表現したいものを会話の中から捉え、それを子どもと一緒に具体的な形にするという姿勢で関わりましょう。

Point

子ども自身の表現につなげる

保育者と一緒であっても、できたという満足感は、その後の子ども自身の表現につながるきっかけになります。子どもが「つくって」「描いて」と言ってくるのは、代わりにやってほしいわけではありません。子どもの表現を奪わないように、つくってみたい、描いてみたいという心の動きに寄り添い、一緒に取り組んでみましょう。

楽器あそびから合奏は難しい?

楽器あそびの時間。子どもに自らの思いやイメージを楽器で自由に表現してほしいと願う一方で、「自由に」と言われてもどうしたらよいか分からず困惑する子どもも見られます。また自由に表現することを楽しんでも、みんなで一緒の活動をするには至りません。

【 4歳ごろ〜 】

保育者

自由な楽器あそび、
どうしたらみんなで一緒の
活動につなげることが
できるのかな？

なぜだろう？ 保育者のギモン

自由に楽器を鳴らすだけでなく、みんなで一緒の活動にするためにはどうしたらよいのでしょうか。

お答えします！ 解決の糸口

何らかの枠組みを設けましょう。枠組みがあることによって、その中で子どもたちは様々にアイデアを生成し表現しようとするからです。例えば、音楽をする場の設定や、楽器の種類、数などを限定する、といった枠組みです。

保育者

自分で一番素敵だな、と思う音を順番に
鳴らしてみましょう。

大きい音、小さい音、長い音、短
い音など、表現する枠組みを設定
すると、その中でその子なりの自
由な表現が生成されます。その工
夫を保育者が読み取り、他の子ど
もたちと共有していくことが大切
です。

保育者

○○さんの鳴らし方、
みんなも真似してみよう。

自分なりの音を表現できない
子どもに対して、保育者が先
回りしないようにしましょう。
子どもが自分で感じたり、考
えたりすることができる時間
を一緒に共有することが大切
です。

NG

誰かに「見せる」ことが
ゴールではない

子どもが自由に楽器で表現する環境を設定し、
子どもの工夫を引き出すために枠組みを設定
することで、自分なりの工夫が生成されます。
こうした子どもの工夫を保育者が読み取り、
共有し、発展させることによって、合奏づく
りの礎となります。最初から「見せるため」
の合奏の完成形を目指す必要はありません。

Point

身体の諸感覚を
刺激する体験の保障

楽器以外の活動においても、子どもが自由に
表現するためには、身体の諸感覚を刺激する
様々な体験を積み重ねることが大切です。実
際に経験することを通して、心が動いたり、
新たな表現方法を見つけたりします。何もな
いところに新たな表現は生まれません。経験
があるからこそ、新たな表現が生み出される
のです。

22 いつも同じ絵ばかり描いているけれど……。どう対応したらいいの?

その子らしい表現をのびのび描いてほしいと願い、環境、描画材を工夫しているのに、いつも同じキャラクターの絵ばかり描く子どもへの対応に悩んでいます。

【 5歳ごろ 】

保育者

Aさん、いつも同じ絵を描いているけれど、このままでいいのかしら?

なぜだろう?　保育者のギモン

アニメなどのキャラクターばかり繰り返し描いている子どもがいます。どうしたら、その子の思いがあふれた絵を描けるようになるのでしょうか。

お答えします!　解決の糸口

大人からは「いつも同じ絵」に見えても、子どもの中では友達とイメージを共有してあそぶためのツールとなっている場合もあります。まずは、キャラクターに投影された子どもの思いを、表現過程の表情やつぶやきから探ってみましょう。

子ども

おはよう！　今日の遠足、楽しみね。

子ども

うん。バスに乗っていくのよね〜。

子ども同士で、イメージを共有しながらお絵描きをしているようであれば、紙をたくさん用意したり、ペープサートあそび等への展開を想定し、割りばしやテープなどを準備したりする等の環境を整えましょう。しかし、一人で集中して描いているように見える子どもが、実は、やりたいことが見つけられないためにお絵描きを居場所にしていることもあります。表現が停滞しているかどうかの判断は、子どもの姿を丁寧に読み取ることから始めましょう。

描画の発達過程

５歳ごろは、子ども独自の記号化された表現が繰り返し見られる「図式期」と呼ばれる時期に当たります。この時期にお絵描きを楽しみ、自信をもって表現する経験を積み重ねることで、小学校以降においても絵を描いたりモノをつくったりすることを楽しめるようになります。温かく見守りましょう。

Point

イメージの共有

５歳ごろになると、描画に限らず友達とイメージを共有してあそぶ場面が多くみられるようになります。キャラクターに込められた子どもの思いを丁寧に読み取り、受容すると共に、子どもが実生活の中で心動かされたり、身近な環境に気が付き感動したりする体験を豊かにすることが大切です。

23 音が合わない・拍が合わない時の対応は?

みんなで一緒に歌う時に、大きく音程が外れる子どももいます。本人は、外れていることには気が付いていないようで、楽しそうに歌っています。また、音楽に合わせて歩くことが難しい子どももいます。どう援助したらよいでしょうか。

【 5歳ごろ 】

保育者

音が合わなくて
気持ち悪くないのかな?

なぜだろう?
保育者のギモン

他の5歳児は概ねピアノに合わせて旋律の通りに歌うことができるのに、○○さんはどうして違う音で歌っているのに気付かないのでしょうか。音高が合わなかったり、拍がずれたりしている時、違和感はないのでしょうか。

お答えします!
解決の糸口

音や拍が合う、とはどういうことなのかを知らない可能性があります。「音まねあそび」として音の高さに注目したり、「一本締め」で手拍子のタイミングを合わせたり、合った時の「気持ちよさ」を体感できる場を作りましょう。

Answer

保育者

音が合うと気持ちがいいね！

できた時、チャンスを逃さず「今、合っていたね！」と伝えて、「音が合う」「拍が合う」ということがどういうことなのかを体感させます。楽しい活動の中で、音高や拍について意識する機会を作りましょう。

完璧を求めて「合っていない」とダメ出しばかりでは音楽が嫌いになってしまいます。できないことにフォーカスするのではなく、「合った」時の気持ちよさの体得を目指します。

NG

Point

「音が合う」とはどういうこと？

音によって、その高さ・強さ・音色などはそれぞれ異なります。「音がずれている」と言われた時に、多くの人は音の特徴のうち「何が」ずれているのか（音高か、音を発するタイミングか、等）をなんとなく理解しますが、「ずれている」人は、他の特徴（音色等）に注目しているのかもしれません。

自分の声を聞くのは意外に難しい

自分の声は骨振動を含めて感じているので、他者の声より聞き取りが難しいです。大人でも、外からの音は充分に正しく判別できるのに、自分で発声する場合には音高がずれる、ということはよくあります。自分の声や音に耳を傾け、みんなと合った時に気持ちよさを感じることで、さらに活動に取り組もうという意欲が育まれます。

［参考文献］小畑千尋（2017）『さらば！オンチ・コンプレックス』教育芸術社

よくあるギモン30　Chapter 1　063

Q 24 劇あそびって難しい……。どうしたらいいの?

劇あそびに楽しんで取り組んでほしいと思うのですが、抵抗感を示す子どもが多くいます。興味をもち、意欲的に取り組めるようにするにはどのような工夫がありますか。

【 5歳ごろ 】

保育者

このお話、劇にしてみようか?
○○の役やりたい人?

子ども

えー、やりたくなーい。

なぜだろう?　保育者のギモン

絵本で読み聞かせをした時は、とても夢中になってお話の世界に入っていたのに……。劇にしようとした途端、興味を示さなくなってしまいます。どうしてなのでしょう。

お答えします!　解決の糸口

子どもにとっての「劇」は自分が演じるものというより、鑑賞するものというイメージが強いものです。そのため、演じることに対してためらってしまうことがあります。まずはこの気持ちを払拭できるとよいですね。

お誕生会などの行事で保育者が演じてみる機会をつくりましょう。身近な先生が楽しそうに演じるところを見ることで劇に対するハードルが低くなります。題材は再現あそびができるように、子どもが演じることを想定したストーリーにしたり、役を用意したりします。大人用とは別に子ども用の小道具（お面など）も準備しておきます。行事が終わったら、その日のうちに再現あそびができるようにしておきます。

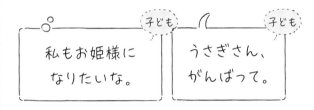

子ども
私もお姫様に
なりたいな。

子ども
うさぎさん、
がんばって。

劇は鑑賞することから
始めてみよう

演じ手とお客さんからなる劇。子どもにはまず、お客さん（鑑賞側）になって劇の楽しさや面白さを感じる機会をつくりましょう。この感覚を育てることで、演じる側になってみたい、という憧れが生まれるのです。再現あそびはこの憧れを叶える一つの方法です。保育者は子どもを引き付ける演技を考えてみてくださいね。

Point

完璧を目指さない

子どもが劇あそびを好まない理由の一つに、演じさせなくてはという保育者の気持ちが強く出すぎて「先生の期待に応えなくては」「上手に演じなくては」というプレッシャーがかかっていることがあります。ストーリーが滞ってもよし、セリフもアドリブでよし、というぐらいの"演じるって楽しいな"を大切にしていきましょう。

Q 25 子どもの表現が広がる環境構成のコツは?

どのような環境構成にすると、子どもたちの表現を豊かに広げることができますか。

【 5歳ごろ 】

保育者

> いろいろな素材を
> 用意してみたけれど
> 興味をもってくれないな。

保育者

> なんだか毎日同じようなもの
> しかつくっていないな。

なぜだろう? 保育者のギモン

いろいろな素材や材料を用意してみたけれど、興味をもったのは最初だけでした。すぐに飽きてしまいました。つくっていてもパターン化したものが多く、表現が広がっているとは思えません。

お答えします! 解決の糸口

表現にまつわる発想、ひらめきはいつ舞い降りてくるか分からないものです。表現を広げるには、モノと共にやりたい時に取り組める時間の保障や落ち着いて取り組める場、保育者の立ち位置も大切になってきます。

落ち着いて取り組める場所を作りましょう。居心地のよい製作場所や表現できる場所が生活の中に根差すことで、表現は特別のものではなくなります。また、自らの考えを伝えてきた時に発想を受けとめる保育者の姿勢も大切です。試行錯誤する姿も受けとめて、実現する方法を一緒に考えていく援助を心がけていきましょう。

保育者

部屋の隅を製作コーナーにしてみたら落ち着くみたい。

保育者

発想を表せる機会を大切にしよう。

環境構成は柔軟に

表現を支えるのに環境構成は欠かせません。あそびの傾向によって保育室の設えを見直したり（例えば製作コーナーの広さ、ごっこあそびのできる場所など）、あそびの内容で製作コーナーに置くものを変えたりしていくことで、子どもたちの意欲をより高めることができます。保育者は常に子どものあそびの展開を読むことが大切です。

Point

保育者も環境として欠かせない

5歳児になると、自分の表現を実現するためによりいいもの、本物に近いものを目指そうとします。子どもの発想だけでは限界もあります。そこで保育者が「どんなものをイメージしているのか」を丁寧に聞き出すことで、発想の転換を促したり子どもの思い付かないモノを提示したりして実現の手助けができます。

26 子どもの表現を認める言葉かけは?

「子どもの表現を認める」とは具体的にどのような言葉をかけたらよいのか分かりません。いつも「上手だね」と声をかけてしまいます。

【 全年齢 】

保育者

わぁ、上手にできたね!

子ども

先生～、ぼくも上手?

なぜだろう？　保育者のギモン

子ども自身が歌ったり、踊ったりしている場面や製作物を見たりする時、いつも声かけがワンパターンになってしまいます。「上手だね」以外にどのような声をかけたらよいでしょうか。

お答えします！　解決の糸口

製作物であれば、子どもが何を工夫しているのか、そこを見つけて声かけしたり、歌ったり踊ったりしている場面であれば、先生自身が好きと思うポイントや、表現することを楽しんでいる部分について声かけしたりしてみましょう。

> 【保育者】
> わあ、これ首から下げることができるの？
> 素敵な太鼓ね！

> 【保育者】
> とっても細く丸められたね、
> これなら格好よく指揮できそう。

具体的によかったところ、工夫したところ、試行錯誤していた場面を見ていたことを伝えてみましょう。子どもが自分の表現に自信をもてるような言葉かけが大切です。

「上手だね」と何度も褒められると、もっと褒められたい、褒められるために表現する、ということに陥らないとも限りません。

共感した点を具体的に示して声かけ

保育者自身が共感した点を具体的に示すと、子どもは保育者に認められたと感じます。さらに、その共感した点を保育者自身も一緒に表現してみたり、真似したりすることによって、子どもはますます表現することに喜びを感じるでしょう。それが、子どもの新たな工夫や発想の広がりとなり、創造性を豊かにすることにつながっていきます。

Point

他者との比較ではなく、個別の表現を受けとめる

「上手」は「善し悪し」を評価している言葉です。子どもの表現を認めるというのは、誰かとの比較でもなく、何かとの比較でもなく、その子自身の表現を受けとめることです。そして、子どもの表現を受けとめるには、保育者自身も様々な表現にふれ、表現の幅を広げておく必要があります。

27 大きなものをつくる場所がない時は?

園の保育室が、とても狭いです。大きなものをつくったり描いたりすることに、数日継続して取り組んでいきたいのですが、活動するスペースやつくり途中のものの置き場などの面で、難しさがあります。このような場合、どのようにしたらよいでしょうか。

【 全年齢 】

子ども

大きなバス、つくりたいな。

保育者

そうだね……。
（つくりたいけど、
狭いから無理かも……。）

なぜだろう？ 保育者のギモン

子どもたちが、園の中で大きなものをつくりたいと言ってくる時があります。保育室が狭いので、作り始めたとしても、途中でスペースの問題が生じることが予想できる中、よい方法が見つかりません。どうしたらよいでしょうか。

お答えします！ 解決の糸口

大きなものをつくること自体が目的になっていませんか。初めから大きくつくっていくことよりも、まずは子どもが今夢中になってつくろうとしている世界に思いを巡らせて、保育者も一緒に考え広げていくことを大切にしましょう。

子ども

大きなバス、つくりたいな。

保育者

面白そう！　何からつくろうか？
ハンドル？　ボタン？

Answer

例えば「バス」という大まかなイメージの中から、「ハンドル」「ボタン」など具体的に興味のある部分を一緒に見つけていきましょう。具体的な形ができていく中で、子どもの次の表現がつながって生まれてきます。

「お部屋が狭いから、無理だよ」「大きいものは、残しておけないよ」などと、スペースを理由にして、子どもたちのつくってみたいという気持ちを否定することはやめましょう。

NG

今ある条件の中で、子どものイメージを具体的にしてみる

施設の広さなど変えられない条件の中でも、子どもの "イメージする力" を信じ、表現を支えていきましょう。子どもたちは、ハンドル一つでも、周りにバスの車体を感じることができるでしょう。1本のゴムホースを鼻に見立てて、大きな象になりきることもできるでしょう。実際に見えるもの以上の世界を、子どもたちは見ています。

Point

結果的に大きくなったら、子どもたちと相談していく

つくり進める中で、大きなものになることもあります。その時はどのようにするか、子どもたちと一緒に考えてみましょう。折り畳んだり丸めたりできるようにしてみる、いくつかに分けて収納できるようにする、広い場所がないか園外に探してみるなど、子どもたちから出てくるアイデアから、きっと新たな表現が見つかると思います。

28 製作あそびの片付けは どのようにしたらいいの?

【 全年齢 】

つくったものをすぐに自分のロッカーにしまい込んでしまう子どもがいます。もっと大切に扱ってほしいと思うのですが、そのままぐちゃぐちゃになってしまいがちです。製作ワゴンの中身も、片付けの時にはごちゃごちゃ、このままでよいのかなと悩んでいます。

保育者

もう少し丁寧に作品や材料を
扱うことはできないかしら……。

なぜだろう? 保育者のギモン

自分のつくったものにもう少し愛着をもって扱ってほしいと思うのですが、どのように援助したらよいのでしょうか。製作ワゴンの使い方が雑で、いつも保育者が整えているばかりなのですが、何か改善の方法はあるのでしょうか。

お答えします! 解決の糸口

あそびのイメージからのつながりで楽しんで片付けられるよう、作品の置き場所やしまい方を工夫しましょう。製作ワゴンの中身は、子どもが扱いやすい材料・道具であるのか、取り出しやすく片付けやすくなっているかを見直してみましょう。

保育者

忍者たちの大切な道具は、
忍者屋敷にしまっておかないとね。

子ども

明日も続きができるように、
宝箱にしまっておこう！

製作過程をよく見て、楽しんでいることを捉え、作品のイメージや大きさなどに合わせて、片付ける場所やしまい方を子どもと共に考えます。使い終わった材料や道具も、次に使うイメージがもてるように片付けます。

片付けの場面だけを見ていても、子どものイメージを捉えることはできません。また、保育者だけが整えるのではなく、発達段階に応じて子どもと一緒に考えていくことが大切です。

NG

あそびを十分に楽しむことで
作品への愛着をもちます

発達段階に応じて、つくる過程をどのように楽しみ、つくった後にどうするかという見通しをもっておくことが大切です。つくりながら変化させていく面白さや、つくったものを使ってあそぶ楽しさを味わえるように環境を整えることで、作品への愛着が生まれ大切に扱うようになるでしょう。作品のイメージや特徴を捉えた片付け方を工夫します。

point

子どもたちが自分で考えながら
片付けられる環境を

製作材料や道具は、子どもが自分で扱えるか、取り出したり戻したりできるかを捉えましょう。例えば、紙やペン等、色ごとに印をつけておくことで、選んだり戻したりしやすくします。5歳児では、再利用の方法も子どもと共に考え、中途半端な紙の切れ端は四角に切って「まだ使える紙」の場所に入れるなど、自分たちで整える経験も大切です。

29 先生はピアノが弾けなきゃダメ?

ピアノに苦手意識をもつ若い保育者は多いようです。ピアノは定期的な調律や転倒防止対策が必要で、またアップライトピアノでは子どもが視界に入りにくい等の理由で電子ピアノなどに切り替える園も。でも、そもそも、なぜ保育に「ピアノ」なのでしょうか?

保育者

「○月の歌」が「〜〜〜〜」になったので、伴奏の練習をお願いします。

保育者

素敵な曲だけど難しそう。練習したら弾けるかな?でも練習する時間がとれるかしら……。

なぜだろう?　保育者のギモン

保育で子どもとともに音楽を楽しみたいと思っていますが、保育者がピアノではなくギターなどの他の楽器を用いたり、CDを活用したりするのではダメなのでしょうか。

お答えします!　解決の糸口

子どもと歌ったり、身体を動かしたり、子どもの状況に合わせてピアノが思い通りに弾けたら、よりよい保育ができそうですね。しかし、ピアノは保育のための手段の一つであり、ピアノを弾くことが保育の目的ではありません。

保育者

こんな方法ではどうかしら？

自分の技量に合わせて楽譜を選ぶ、音楽が得意な先生にアレンジを相談する、他の楽器を用いる、CDを用いて子どもの表情をよく見ながら一緒に歌う……。大切なのは保育者自身が音楽を楽しんでいる姿を示すことです。

努力する姿を子どもに示すことの教育的意義は大きいですが、緊張のあまり悲壮感を漂わせてしまったり、ピアノに集中しすぎて子どもの様子を見る余裕がなくなったりしては本末転倒です。

—— NG

学校とピアノの深いつながり

ピアノは音域が広く、旋律と伴奏を同時に演奏できる魅力的な楽器です。また、音と音の関係（音程など）を視覚的に捉えられるという教育的利点もあり、小学校では鍵盤ハーモニカ等を学習します。「小学校教材整備指針」では「伴奏指導用教材（グランドピアノなど）」と示されており、小学校には必ずピアノが設置されています。

point

ピアノの演奏技能にとらわれずによりよい保育を

ピアノは数々の魅力から保育現場でも活用されてきましたが、保育者も個性があり、得意不得意があるのは当然です。保育において最も大事なことは、「子どもと一緒に楽しむ先生の存在」です。それぞれの技量に合わせて表現を楽しむことを体現しましょう。自分の強みを活かしてそれぞれの得意分野で協働できる職場も素敵ですね。

30 表現を評価するって難しい……。 どうしたらいいの?

子どもの個性を大事にして、豊かに表現してほしいけれど、評価するとなるとどうしていいか分かりません。

【 全年齢 】

子ども

先生、みてみて、
こんなのつくったの。

保育者

これ、何をイメージして
作ったのかな?
なんて声をかければ……。

なぜだろう?
保育者のギモン

子どもが自由に表現すると、大人では思い付かないようなものを作ったり描いたりします。上手、下手という見方をしてはいけないことは分かりますが、援助のためには評価が不可欠。どのように読み取っていけばよいでしょうか。

お答えします!
解決の糸口

子どもが表現したもの(作品、絵など)だけに注目しないで、それに至る過程や表現しているときの子どもの様子に目を向けてみましょう。

子ども

> ここを押すと
> 悪者をやっつけられるんだよ。

保育者

> 悪者がきたら、やっつけてね。

自分の表現しているものを言葉で伝えてきた時はきちんと向き合って聞きましょう。子どもの使った言葉を繰り返してもよいですね。あそんでいる時は集中度や表情、工夫している様子を見ていくようにしましょう。

子どもを理解しようと、「〇〇なんだね」と決め付けるような言葉かけをしたり、無理やり聞き出そうとしたりするのはやめましょう。

NG

子どもの発想は自由

子どもは自分の思いをあそびや生活の中で多岐に表現として発出しています。大人の「こうあるべき」という型にははまらないことが当たり前、という心持ちがまず大切です。その上で、評価をすることを心がけましょう。

Point

評価は総合的に

表現する過程で没頭していたら、自分にしっかり向き合っていたということです。イメージを形にしようと試行錯誤していたかもしれません。表情はどうだったでしょうか。表現したことで自信がついて、次のあそびにつながることもあります。表現したもの（結果）にプラスしていろいろな視点を見つけて評価につなげましょう。

表現の芽が育つには……

　園庭には小さなステージがあります。ここは、踊ったり楽器を鳴らしたり、劇をしたりと、いつでもどの年齢の子でも使える場所です。4歳児のA児は髪の毛に色とりどりの紙テープをたくさんつけ、ビニール袋でつくった衣装を着て独自の振り付けで踊りだしました。表情はうっとり、自分の世界に入っているようです。A児の踊る様子を見て、数人の子が急いで自分の保育室に行き、自分なりの衣装をつくって加わり始めました。私はA児たちのユニークな姿に、子どもってすごい、面白い、とうらやましいような気持ちになってしまいました。誰が教えたわけでもなく、自分からあふれ出た思いを形にして表現する姿は、大人ではなかなか持ち合わせていないものだったからです。

　やはり4歳児のB児は空き箱で「武器」をつくりました。友達と戦いごっこをしたら、すぐに壊れてしまいました。がっかりしながらも直して、また使います。B児は補修しながら、この武器を何週間も大事に使い続けました。ところが学期末、B児のお母さんは「こんなボロボロの製作物を持って帰る意味が分からない」と言うのです。物だけ見ると確かに……。どんなに思い入れをもって大切にしていたかを説明。何重にもつけられたテープを見て「本当に大切にしているのですね。家に帰ったらすぐに捨ててしまうところでした」とおっしゃってくださいました。そして私自身、お母さんに説明しながら気付いたのです。「補修し改良を加え使い続けるってモノづくりの原点！」ということに。

　A児、B児から「こうでなければならない」という見方をしないことや、その子自身から生まれるものを、保育者の指導と評して邪魔しないということを感じています。援助するとしたら、その子の思いを聴きながらよりよくするための模索を一緒にすることと環境を整えることでしょうか。どの子の表現の芽も、あなたらしくていいね、という温かいまなざしが栄養になるのでは……と思っています。子どもたちの芽がすくすく伸びていきますように。

column

子どもの表現から ①

第 2 章

「創造性を豊かにする」
表現あそび 20

1　布で光や風を感じる

| 想定年齢 | 0～2歳ごろ | 実施人数 | 1～6人程度 | 所要時間 | 約15分 |

お天気がよく、心地よい風の吹いている日を選んであそんでみましょう。布があるだけで目には見えない風が目の前に広がり、布の向こうからは太陽の光を感じられるでしょう。子どもが慣れるまでは、保育者のそばで一緒に楽しみます。

準備するもの **光が透けて見える布（化繊の風呂敷9～12枚程度を縫い合わせたものや薄めのカーテン等）**

あそびかた

天気のよい風の強い日、屋上や園庭に大きな布を持ち出してあそびます。布の1辺を子どもの背丈よりやや高い位置の手すり等とつなげます。風を受けた布が大きく広がり、薄い布の向こうからは太陽の光が注いできます。

大きく膨らんだり、ひらひらとたなびいたりと形を変える布に子どもたちは大喜びです。興奮した子どもが友達とぶつかってけがをしないように、あそびながら目を配りましょう。

- カーテンなど透け感のある布を広げるのではなく上から吊るすと、布越しに友達の存在を感じたり、影が映り影絵あそびをしたりなど、これまでとは異なった視点の光や風を感じるあそびを展開できます。

- 低年齢の子どもや他の子どもの活発な動きにびっくりしている子どもとは、小さな布であそびましょう。保育者が優しく動かすと子どもも怖がらずに楽しめます。布が上がった時に保育者の笑顔が見える位置であそび、「風が来たよ」等、声をかけながら布を動かすと安心します。

布をほどき、保育者と子どもが一緒に布の端を持って上下に動かすと風が生まれます。また、布の端を持って離れたり、近付いたりすると布が風を含み、布の形の変化を楽しむことができます。

布の上に乗り、揺られてみると、陽の光の温かさを感じながら風になったような感覚を味わえます。子どもが興奮していると動きが大きくなり、けがにつながることも。リラックスした雰囲気で楽しめるような配慮が必要です。

2 触って感じる粘土あそび

想定年齢	0〜3歳	実施人数	2〜10人くらい	所要時間	約15分

小麦粉や片栗粉などは粉の触感だけでなく、水を加えると触り心地や音の変化を感じることもできます。なんでも口に入れてしまう時期の子どもでも比較的安全に楽しめます。何度も形を変えてあそべる粘土あそびは、指先の巧緻性を高めるのにも適しています。

準備するもの ❶ バットや洗面器などの容器　❷ 汚れ防止のシート（室内）　❸ 水　❹ 小麦粉・片栗粉など

あそびかた

0歳など年齢の低い子どもには、バットに薄く小麦粉を振り、触ってみるところから始めましょう。少量の水を入れ、ぬるぬるにして保育者と一緒に触ったり混ぜてみたりしてから、小麦粉をまとめた粘土を渡します。

1歳以上は、大きなたらいを使いみんなであそぶこともできます。パン粉を混ぜてもよいでしょう。粉に少量の油を混ぜた水を加え、触感の変化を楽しみながらまとめます。分量の目安は、小麦粉：水＝2：1〜1.5です。

● 小麦粉や片栗粉の他に、寒天でも触感あそびを楽しめます。食紅で色を付けたり、寒天を固める前にペットボトルの蓋や毛糸、ホースを短く切った物などを埋め込んだりすることで、触感だけでなく混色あそびやごっこあそびに展開することもあります。

● アレルギーを起こす子どもへの確認、配慮は必ず行います。また、粒子の細かい粉は舞い散ると目や気管に入る恐れがあります。落ち着いた雰囲気で始められるように環境を整えましょう。

● 苦手な子どもには、直接触らなくてもあそべるようにスプーン等を渡しましょう。

片栗粉粘土は、まず、サラサラとした触感を楽しみましょう。水を加えていくとトロトロ、トローンとした触感に変わります。机の上や床に散乱した片栗粉粘土は意外と硬いです。あらかじめ、シートを敷いておきましょう。

容器等を用意するとあそびが広がります。煮溶かした片栗粉をジッパー付き袋や洗面器に入れ触感を楽しむこともできます。あそんだ後、手や容器を直接、水道で洗うと水道管がつまることがあります。紙や濡れタオル（もしくは、濡れ布巾）で拭き取るなどしてから洗いましょう。

3 わらべうたであそぼう

| 想定年齢 | 1歳ごろ〜 | 実施人数 | 2人〜 | 所要時間 | 約15分 |

ゆったりとしたリズムや心地よい響きが、子どもと保育者の心をつなぎます。呼吸を合わせて唱える気持ちよさを感じながら、五感を通してやさしくふれあうことで豊かな音楽性が芽生えます。

準備するもの　❶シフォンスカーフ（ガーゼ、手ぬぐいも可）　❷大布（薄い裏地の布）

あそびかた

1　保育者は歌に合わせてシフォンスカーフを上下に振って動かし、最後に子どもの頭にやさしくスカーフをのせます。「○○ちゃんどこかな？」と問い、子どもがスカーフを取ると「ばー」と笑い合います。

♪わらべうた　「上から 下から 大風こい」　※□は、1拍を示す

| レ | うえ | | した | | おお | かぜ | こい | ・ | こい | こい | こい | ・ |
| ド | | から | | から | | | | | | | | |

2　複数の子どもがいる場合には、保育者が歌の最後に誰か一人の頭にやさしくスカーフをのせます。ゆったりとしたリズムを保ちながら繰り返しあそぶと、次はわたしかな？　と期待が高まっていきます。

● 0歳児には、保育者がわらべうた「じーじーばぁ」の歌に合わせて、やさしく歌いかけながらスカーフを上下にしたり、ふわっと投げ上げたりしてあそぶことができます。透き通っている素材のスカーフを使うと、安心しながら「いないいないばあ」のようにふれあいあそびが楽しめます。

● 一人ひとりのテンポや動きの大きさは異なります。保育者は大勢で合わせることを急ぐ必要はありません。保育者が子どものテンポや呼吸に合わせてみましょう。子どもは誰かと一緒に響き合う心地よさを味わうと次第に周りへの関心も生まれます。

子どもが好きな色のスカーフを持って、伸び上がったりしゃがんだりしながら風を感じます。保育者は自然な声色で繰り返し歌い、支えます。中にはお気に入りの人形を相手にあそぶ子どももいるでしょう。

5歳児が大布の角を持って、歌いながら上下に動かします。歌や動きが合った時には、大布が膨らみます。大布の下で年下の子どもが眺めたり、寝そべったり、はいはいで通り抜けたりすることも楽しめます。

4 雨であそぼう、水であそぼう

| 想定年齢 | 1〜4歳ごろ | 実施人数 | 数人〜クラス全員 | 所要時間 | 約15〜30分 |

雨や水の特性を使ったあそびを子どもと一緒に楽しみましょう。雨の落ちる音を楽しんだり、色彩が素材に染み込んでいく過程を、子どもの豊かな感性で味わってもらいたいと思います。

準備するもの
❶雨を受けるための缶やバケツ、傘　❷画用紙や障子紙
❸絵の具やサインペン

あそびかた

【水の音、雨の音を楽しもう】屋根から雨だれが落ちる場所に伏せたバケツ、缶などを子どもと一緒に置き、傘を差して目を閉じて雨だれの当たる音の大きさ、高さ、間隔に耳を澄ませます。

「どんな音がした？　他にどんなものを置いたらいい音がするか探してみよう」などと問いかけます。子どもは自分の経験やイメージから得たユニークな表現をします。

こんなあそびかたも…

- レイン・スティック（種や小石などが入っており、振ると音が出る筒状の楽器。アフリカ発症の民族楽器と言われている）やマラカスなど雨の音に近い音の出る楽器と、実際の雨の音を比べてみましょう。

困っている子どもには…

- 雨に濡れるのが嫌な子どももいます。その場合は無理には勧めないようにします。傘に紙を載せて園庭１周するのは年長組の子どもが適当でしょう。

【雨のにじみ絵を楽しもう】材料準備：障子紙18cm×18cm程度、水性ペン、または薄めの絵の具、傘
手順：1．障子紙に水性ペンで模様を書く。2．傘を開いて彩色した紙を載せて、園庭があれば一周する。紙に染みわたり色彩が変化する様子を楽しみます。

【できあがりを鑑賞する】傘に付けていた障子紙を布巾で水分をとってから紐で吊って乾かす。
光に透かした時の色彩の美しさも楽しみましょう。

5 | ビー玉転がし・転がるあそびのヒントいろいろ

想定年齢 2歳〜 実施人数 数人〜 所要時間 約15分〜

子どもは転がるあそびが大好きです。園にある身近なものを使い、素材や環境構成の一工夫で子どもが繰り返し楽しめるあそびの「場」をつくりましょう。

準備するもの ❶ビー玉 ❷空き箱 ❸木の枝 ❹段ボール ❺筒状の素材など

あそびかた

【木の枝を使ったビー玉転がし】
箱のフタなどに、枝や葉などをボンドで接着してコースをつくります。スタートとゴールを書き込み、ポイントがもらえる箇所を設定しても面白いです。

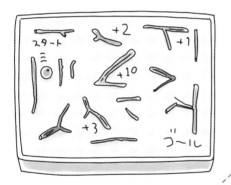

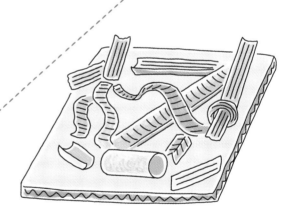

【つくって飾れるビー玉転がし】
波型の段ボールや段ボールを幅5cm×30cm前後に細長くカット。トイレットペーパーやラップの芯、土台になる段ボールシートに細長く切った段ボールや波型の段ボールなどを貼ってコースをつくり、トンネルで変化をつけます。絵の具で彩色すれば作品に。

こんなあそびかたも…	困っている子どもには…

- 紙のレールをつくって壁や窓、机に貼るだけでも、簡単ですぐできるビー玉転がしあそびです。丈夫な厚紙を使えば何度も貼ってコースをつくれます。雨の日のあそびに最適。

- その場ですぐに参加しない子どももいると思います。他の子どもがやっている姿を見て、製作やあそびに参加したい気持ちが訪れたときに、加われるようサポートができればよいと思います。

【積み木でつくるコース】　3〜5歳
園にある積み木を使ってコースをつくります。ゴールを目指す以外にターゲットを倒すなど色々なあそびが楽しめます。セロテープの芯は軽く、多少の段差は乗り越えるのでビー玉と違った動きが楽しめます。

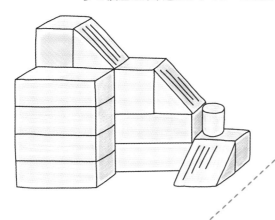

①金づちで板に釘の半分程度を打ち込みます。
②ある程度釘が多くなってきたら、斜めに立てかけます。

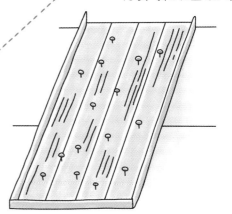

【木工でビー玉転がしを共同製作】
準備するもの：金づち、板、釘（38mm〜50mmくらい）、
板は厚み12mm〜20mm程度

6 シャボン玉あそびから傘アートへ

| 想定年齢 | 3歳ごろ〜 | 実施人数 | 何人でも〜 | 所要時間 | 各回約30分程度 |

シャボン玉であそんだ後の石けん液に絵の具を入れると、界面活性剤の働きでビニールなどに絵を描くことができます。透明のビニール傘に絵を描いて楽しみ、雨の日に（あるいは人工雨の中で）さすと、洗剤の成分で泡がたち、流れ落ちてくる様子を観察できます。

準備するもの
❶シャボン玉を作ってあそぶ道具一式　❷透明のビニール傘
❸水性絵の具　❹筆　❺絵の具入れ(カップや牛乳パックなど)

あそびかた

シャボン玉の色や形、飛び方を観察しながらあそびます。大きさで飛び方が違ったり、面白い形やきれいな色を発見できたりします。シャボン玉の形や動きを身体表現しても楽しいです。

シャボン玉液の残りに水彩絵の具を入れ、筆でビニール傘にシャボン玉や好きな絵を描いたり、色塗りを楽しんだりします。絵の具入れと筆はひとり1セット、色は赤・青・黄・緑程度で、絵の具の濃さは好みで調節します。

- 透明のビニールシートを屋外のフェンスや遊具に貼って、みんなで一緒に絵を描くのも楽しいです。他の色を使いたくなったら友達と交換したり、色が混じるのを楽しんだり、異年齢で一緒に活動してビニールの両側から友達と向かい合って描いたりすることもできます。

- あそびと造形活動がつながることで、普段苦手意識をもっている子どもも気楽にお絵かきできるかもしれません。シャボン玉の影にも注目するなど、それぞれがシャボン玉あそびを充分に楽しみ、シャボン玉にとらわれずに楽しくお絵描きや色塗りあそびができれば成功です。

 水彩絵の具の耐久性は低いので、数日楽しんだら傘を差して雨の中をお散歩します。雨が傘にあたる振動とともにその音に耳を傾け、落ちてくる雨粒を見ながら、絵の具が泡をたてて流れ落ちる様子等を観察します。

最後に、油性マジックやビニール用絵の具でお絵描きをすると、雨の時も使える自分だけの傘ができます。

※本活動は徳島県立近代美術館ＨＰ「アートの日」の「シャボン玉アート」を元にしています。ご参照ください。

※写真提供：徳島県 まつしげ保育所

7 手形・足形であそぼう

想定年齢 | 3歳〜　実施人数 | 1人〜　所要時間 | 約15〜30分

子どもたちが自分の手や足に絵の具をつけ、その形を紙に写し取るあそびです。絵の具を使うこと、形をとること、何度でも繰り返し試せることなどが、このあそびの楽しさになります。また、自分の体を使って表現することができるという面白さもあります。

準備するもの ❶ 絵の具　❷ 筆・スポンジ　❸ 紙

あそびかた

子どもの手または足に、絵の具をつけます。筆を使うと、細かなところまでつけることができます。スポンジは柔らかいので、つける時の感覚がやさしいです。手のひら、足の裏に、まんべんなくつけるようにします。

画用紙などに、絵の具のついた手、足をのせます。力がうまくかからない場合は、手の甲、足の甲あたりに保育者の手を添え、しっかりと紙に写るようにします。「1、2、3……」と数えながら写し取るのも楽しいです。

- 絵の具の代わりに水を使って、手形や足形であそぶこともできます。水のあそびが心地よい季節や時間に、手や足を濡らし、板などにそのままふれてみます。手で押したり足で踏んだりする力加減によって、形の濃さが変わったり、お日さまの力でだんだんと形が消えたりする面白さがあります。

- 絵の具に手や足でふれることを嫌がる子どももいます。まずはその子の感じ方を丁寧に受けとめ、指一本で試してみたり、他の形（形がはっきりと出やすいものがよいでしょう）を使ったりしながら、形を押すあそびの心地よさを、少しずつ積み重ねていけるようにしてみましょう。

3 やり方が分かったら、指一本ずつに色を変えて絵の具をつけて、カラフルな手形をつくったり、大きな紙に絵の具をつけた足で歩いてみて、ペタペタと何度も繰り返したりするなど、いろいろに試すことができます。

手形や足形を、別のものの形に見立てて表現していくこともできます。例えば、一人の足形の下にペンで葉の部分の絵を描き加えて花にしたり、木の幹を描いた紙にクラスみんなの手形を葉っぱにしてつくったりできます。

8 望遠鏡をつくってのぞいてみよう

| 想定年齢 | 3歳〜 | 実施人数 | 1人〜 | 所要時間 | 約15〜30分 |

子どもたちの生活の中にある筒状の素材を使って、のぞいてあそべるものをつくります。素材の形からイメージを広げ、望遠鏡などに見立てながら、手に持って使うことができます。色セロファンを付け加えて、いろいろな見え方を楽しむこともできるあそびです。

準備するもの ➡ **❶筒状の素材（芯、空き箱、紙を巻いたもの） ❷色セロファン**

あそびかた

身近な素材からつくる面白さを感じられるよう、ラップやキッチンペーパーの芯、筒形の空き箱（側面を残したもの）などを用意します。なければ、ハリのある紙を丸めて、セロハンテープやのりで貼ってもよいです。

筒状のものがあれば、穴の中をのぞきたくなるのが子どもたちです。素材の"形"から、子どもたちのイメージが広がるのだと思います。のぞく面白さを十分に楽しんだり、見え方の違いに気付いたりしていきます。

- 筒状の素材を2つ合わせると「双眼鏡」、四角い空き箱に穴を開けて透明セロファンをつけると「カメラ」など、素材の使い方でいろいろなものをつくることができます。大きな段ボール板に円形をくり抜いて、そこから見てみると、景色の一部を切り抜いたように見えて、とても素敵です。

- 「望遠鏡」と名付けることで、空を見たくなる子どももいると思いますが、太陽を直接見ることはしないように、十分気を付けましょう。また、つくったものにリボンや紐をつけて、首から下げる形にする場合は、その長さや素材をよく選んで、安全に使ってあそべるようにしましょう。

3 筒状の素材の一方に、色セロファンを貼り付けます。色セロファンが入ることで、見える世界が変化します。セロファンが1色の場合、2色を半分ずつにした場合、2色を重ねた場合など、色と光の面白さを感じられます。

いつも見ている世界が、のぞくことで新たな見え方になり、新たなイメージが生まれるきっかけになります。「望遠鏡」をもって冒険に行くなど、つくる表現から、なりきって動く表現へと楽しさがつながっていきます。 **4**

園内探検隊になろう　マップづくり

| 想定年齢 | 3歳〜 | 実施人数 | グループまたはクラス単位 | 所要時間 | 30分 |

樹木、遊具、保育室、テラスなど、その場で感じたこと、聞こえた音などを色、形で表現します。年齢や天候、季節によって異なる子どもの姿、感性を生かした表現を楽しみましょう。

準備するもの　❶ボール紙や厚紙　❷紙テープ　❸サインペン

あそびかた

園内を探検しようと提案をします。
「探検に行く場所を考えよう」と投げかけて、どこに行きたいか、発言を促します。

探検に行くための道具をつくります。双眼鏡、地図などがあると子どものイメージもふくらみ、「探検」の気分を盛り上げることができます。

● 子どもは屋根の下やトンネルなどの暗い場所で「お化け」を感じ取り、アスレチックでは「忍者」に変身します。今感じていることを知り、一人ひとりの感じ方や体験の違いを知ることが面白いです。地図に宝探しの要素を入れることや、季節に一度探検するのもおすすめです。

● 双眼鏡や探検地図は、年長組であれば子どもが自分でつくれます。年齢に応じて途中までつくって、子どもが部分的に製作する方法が、あとの活動も考えると無理がありません。8割の子どもが参加すればOKと考え、個別のペースや思いを大切にし、必要に応じて声をかけてサポートしましょう。

3 道具ができたら、最初に行く場所をみんなで決めて早速出発。

その場で、みんながどんなことを感じたのか、尋ねてみます。例えば樹木に耳をつけて目を閉じていた子どもに「どんな感じがしたの?」と、「色」や「形」をキーワードにして尋ねてみましょう。また保育者も子どもが感じたことにフィードバックします。 **4**

10 お店屋さんごっこ・おまつりごっこを楽しもう

| 想定年齢 | 3歳〜 | 実施人数 | 数人〜 | 所要時間 | 約30分〜 |

製作物をつくった時やおまつりに出かけた楽しい経験をした時の「○○ごっこ」。イメージを形にしたり工夫したりする楽しさを大切にあそびの場を作りましょう。＊以下、経験のない子を3歳児、経験を積んだ子を5歳児として表記。

準備するもの ❶ 売るもの　❷ お店やおまつりの表示　❸ 看板などの表示
❹ 売る人の小道具　など

あそびかた

お店屋さんごっこでは、どのようなイメージを子どもたちがもっているのか耳を傾けて聞いてみてください。自分の経験を語ったり、「こんなふうにしてみたい」という思いがあったりするでしょう。

3歳児には時間をかけず、保育者が場所を整えてすぐに展開できるような流れがよいでしょう。保育者が買い手になってあげるなどして、お店のやり取りを楽しみましょう。

- 初めてのお店屋さんごっこは、保育室にある遊具を売って「いらっしゃいませ」とやり取りをすることでも十分楽しむことができます。「カードで払えます」「ポイントがたまります」など、家庭での経験が反映されることも！ 商店街や縁日のようになったりしていくことも楽しいですね。

- 折り紙で作れる得意なもの、ままごと材料でのレストラン、おまつりでの金魚すくいなどイメージしやすく手軽につくれるもので始めてみましょう。また、テーブルに布をかけたり看板を用意したり、売り手はエプロンをつけたりすると、ごっこあそびが魅力的になります。

3 5歳児とは、売るものをつくりながらいくつ必要か考えたり、場所づくり、設定を一緒にやってみたりしましょう。

品物の並べ方を工夫したり、どうしたらお客さんが来てくれるのか考えたりする機会を逃さずに、保育者も一緒に考えていきましょう。いいアイデアを認めて、実現できるようにしていきましょう。 **4**

11 ちょっと変わったまねっこあそび

| 想定年齢 | 3歳〜 | 実施人数 | 1〜30人 | 所要時間 | 5〜30分 |

カードに書かれたお題をからだで表現するあそびです。みんなで表現してあそんだり、「何を表現しているか」当てっこするジェスチャーゲームもできます。ラミネート加工をしておけば、カルタのように使えたり、プールでの使用も可能です。

準備するもの ▶ **おもしろ表現カード（なまえ、うごき、オノマトペ）**

あそびかた

「うごきカード」を引き、出たお題をみんなで行います。裏返しに床に置いて引くのもよいでしょう（オノマトペも同様に）。リレーでは折り返し地点にカードを置き、出た動きで戻ってくるというあそびもできます。

保育者が自分で「なまえカード」を引き、子どもに見せずにお題を演じます（ジェスチャークイズ）。しばらく演じたのち、カードを見せます。やってみたい子がいたら順番にやってもらいます（オノマトペも同様に）。

- 「ふわふわな新幹線」や「ネバネバのブランコ」のように「オノマトペカード」と「なまえカード」を組み合わせて、ちょっぴりヘンテコなお題にすると盛り上がります。年長さんなら自分たちで言葉の組み合わせを考えてもらうことで、協力しながら言葉あそびも楽しめます。

- 友達や保育者のまねをして、一緒に同じ動きをすればよいでしょう。もし動くのが嫌なら、他の子どもや保育者が何のまねをしているのか、見て答える側になってもらいましょう。さらにカードを選ぶ役、組み合わせの言葉を考える役、撮影する役など、参加方法はいくらでもあります。

「なまえカード」と「うごきカード」を組み合わせます。保育者が選んでもよいですが、子どもに無作為に引いてもらい、出てきたお題を全員で即興で演じるのも楽しいです。「だるまさんの一日」の要領です。

「オノマトペカード」と「うごきカード」を組み合わせます。「スイスイ」＋「泳ぐ」などは簡単です。「どか〜ん」と「寝る」などは難しいですが、その分、様々な表現が生まれます。こちらも無作為に引くとよいでしょう。

12 からだの音であそぼう

手をたたいたり足踏みしたり、からだを楽器にしてあそびます。最初は手拍子ひとつを順番に鳴らしてみるだけ。どんな手拍子の音が生まれるでしょうか。一人ひとりの子どもの表現が認められる場であり、誰もが主役であることを意識します。

準備するもの **特になし**

あそびかた

1 保育者も子どもと一緒に輪になって座り、一人ずつ順番に手拍子を鳴らします。手拍子が速くなったり、遅くなったりするかもしれません。表現を聞き取って、次のルールへと発展させていきます。

「速く手拍子をまわす」「大きい音」「小さい音」のようにルールを決めて、手拍子を回していきます。子どもたちの工夫に耳を傾け、一人ひとりの表現をアイコンタクトや頷きで受けとめていきましょう。

- 最初の手拍子回しでは、子どもたちのちょっとした表現を取り上げて、それを次の手拍子回しのルールにしていくと、あそびは無限に広がります。例えば、手拍子1つ、と言っていたのに、2つたいてしまった子どもがいたら、今度はふたつずつ音を回してみよう、といった具合に。

- その場ですぐに参加したがらない子どもに対して、無理に参加させずに、「やりたくなったら、参加してね」と声かけをしておき、保育者はその子にいつもと違う動きが見えたら、それを真似してみたり、他の子どもたちと共有したりして、その子どもが参加しやすい場になるよう心がけます。

3 手拍子だけでなく、膝うちや足ぶみの音、声など、からだの様々な音を使ってみましょう。「手拍子・膝うち・膝うち」を全員でたたいたら、次に自分の名前を入れてみましょう。それをまた全員で真似します。

からだの様々な音を使って、保育者が4拍子のリズムをつくり、それを子どもたちがまねする、まねっこリズムであそびます。何度か繰り返し、「先生の代わり、やってくれる人?」と声をかけ役割交代してみましょう。 **4**

［参考文献］T. ウィシャート／坪能由紀子・若尾裕共訳（2012）『音あそびするもの よっといで』音楽之友社

13 ぐるぐるタワーをつくってみよう

| 想定年齢 | 4歳ごろ〜 | 実施人数 | ひとり・友達・グループで | 所要時間 | 約20〜30分 |

描くことと紙の技法を楽しむ「ぐるぐるタワー」です。自分のペースでお絵描きを楽しみ、描いた画用紙を手で切ってタワーをつくります。タワーをつくる時、糊などの接着剤は使わず、丸めたり重ねたりして工夫することにもチャレンジしてみましょう。

準備するもの ❶**画用紙** ❷**クレヨン**

あそびかた

画用紙にクレヨンで「ぐるぐる」お絵描きを楽しみましょう。「ぐるぐる」だけではなく、「うねうね」した線、「てんてん」や「ばつ」「まる」「さんかく」などの形や長い線を描いてもよいでしょう。

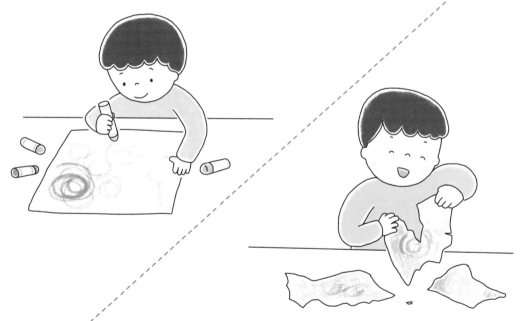

描いた画用紙を手で10回切ります。みんなで「1回」「2回」「3回」……と数えながら切っても楽しいですね。切った時の音を楽しむこともできます。たくさん色が塗ってあると、ちぎったところが白くめくれて色の対比もきれいです。

こんなあそびかたも…

● 発達に応じてセロハンテープを使ってもよいでしょう。カレンダーや広告紙を切ってつくることもできます。技法あそび（吹き流し、マーブリング等）をした画用紙を使ってもよいでしょう。一人でもグループでも楽しめます。高さや長さを競うなどゲーム的な要素を加えても盛り上がります。

困っている子どもには…

● 破るとは思わずに絵を描くことも考えられるので、その時には別の画用紙を破ることを提案するなど、子どもの思いを大切にしましょう。セロハンテープを使うときはクレヨンではなくサインペンなど接着しやすい画材で描きましょう。

 切った画用紙を、折ったり丸めたりしながらタワーをつくります。この時、セロハンテープや糊などの接着剤は使わずに、画用紙と手だけを使って作ります。

14

絵本をもとにした表現あそび

| 想定年齢 | 4歳ごろ〜 | 実施人数 | 3人〜 | 所要時間 | 約20〜30分 |

妖精や小人、海賊、忍者、ヒーロー、魔法使い、おばけなどをテーマとした物語は、子どもたちを空想の世界へと導きます。絵本のテーマをもとにして子ども同士がイメージを共有し、友達と空想を描いて表現するあそびです。

準備するもの
❶妖精、海賊、忍者、魔法使いなどの絵本
❷物語に沿った身に着けるもの　❸楽器など

あそびかた

保育室で子どもが自由に見ることができる絵本のリストに妖精や小人、海賊、忍者、魔法使いなどをテーマとした物語を設置します。保育者も読み聞かせを行うなど、日常に取り入れます。

忍者のハチマキ、魔法使いのマントなど、なりきってあそべる道具を用意したコーナーを設定します。保育者は子どもが自分のアイデアを形にできるように素材や道具を整理し、共同作業者となりましょう。

こんなあそびかたも…	困っている子どもには…

- 日頃から「もしも〜だったら……」と子どもが想像してお話づくりをしたり、オノマトペを活かした絵本をもとに体や音楽で表したりするあそびを楽しみます。子どもの想像世界を豊かにするためには様々な物語に出会える機会をつくり、そのすばらしさをじっくり味わいましょう。

- 周囲の様子をよく観察して、自分の中に様々なイメージを溜め込んでいる時期かもしれません。保育者がモデル役となるのもよいですし、友達をモデル役として保育者と一緒に真似しながら表現するのもよいきっかけとなるでしょう。関心があるテーマを探ることも大切です。

 絵本のいくつかのシーン（起承転結）を画用紙に描いて紙芝居にします。途中に白紙を1枚はさみます。保育者が「ところが……」と白紙場面を見せると、子どもが自分なりに空想して物語をつなぎます。

絵本をもとにして、あるいは子どもがつくった空想の場面を挿入して、クラスの活動に取り入れます。劇あそびをしたり、楽器を使って場面に合う短い繰り返しの音楽や効果音をつくったりすることも楽しいでしょう。

15

100色の色水あそび

| 想定年齢 | **5歳ごろ** | 実施人数 | **クラス全員** | 所要時間 | **約20〜29分** |

透明感のある色水であそびましょう。色水は、色の3原色（赤、青、黄）を準備します。それらを混ぜ、たくさんの色を生み出しましょう。色がたくさんできたら蓋つきカップに入れ、積んだり並べたりして色の組み合わせを楽しむこともできます。

準備するもの **❶蓋つき透明カップ　❷ペットボトル（500ml程度の大きさ）1グループにつき3本　❸水　❹食紅**

あそびかた

ペットボトルに水と食紅を入れ、よく振り3色の色水をつくります。色水をつくるところから子どもと楽しむこともできますし、保育者があらかじめ準備しておいてもよいでしょう。補充用の色水も準備しておきます。

まずは、赤、青、黄の中から2色選んで透明カップに入れ、混ぜてみましょう。色水の美しさ、色の変化の不思議に気が付けるようにします。気に入った色ができたら蓋をしておき、新しいカップを使って色をつくります。

こんなあそびかたも…

- 色の名前を考えラベルをつけたり、みんなの色水を似た色で集め並べたりして「色のずかん」をつくってみましょう。
- つくった色水に、蛇腹に折った和紙やペーパータオルを浸し、染め紙を楽しむこともできます。染めた紙は、工作や折り紙として活用することもできます。

困っている子どもには…

- 色水をペットボトルから透明カップに入れにくい場合は、浅めの皿に入れスプーンですくったり、しょうゆさしなどで透明カップに移したりするようにしましょう。
- 食紅がない時は、水性ペンで塗りつぶした画用紙を水の中に入れて色水をつくることもできます。

 子どもが思うように色を足して楽しめるようにしましょう。きれいな色をつくることが目的ではありません。保育者は子どものつぶやきや会話を丁寧に拾い、イメージを共有することを心がけましょう。

蓋をしたカップを積んだり並べたりしてみましょう。晴れた日は、太陽の光の指す場所に並べてみると、地面や壁に映ったり、光の中で色水がキラキラと輝いたりと、色水をつくっている時とは違う見え方が楽しめます。

16 光と影のあそび

| 想定年齢 | 5歳ごろ | 実施人数 | 数人～ | 所要時間 | 約20分～30分 |

自然のなかで感じることができる光と影をもとにした影あそびから、室内における人工的な光を使った影絵あそびまで、光の面白さ、光があることによって生まれる影の不思議さ、影の大きさの変化などを楽しみます。

準備するもの ➡ ❶クレヨン ❷模造紙、画用紙（黒） ❸色セロファン ❹プロジェクター ❺スクリーン（または白い大きな布）等

あそびかた

自然の光であそびます。天気のよい日、園庭に出て自分や友達にできる影を見てみましょう。自分が動くと影も動く。身体の動きに合わせて影も変化する様子を楽しんだり、影踏みをしたりしてあそびます。

もうひとつ、自然の光であそびます。テラスに出て模造紙を広げ、その上に園内にある立体的な「モノ」を色々並べてみましょう。どんな影ができるでしょうか。映った影をクレヨンでかたどってみましょう。

● 自然の光では、様々な色のカラーセロファンを透かして、模造紙の上がカラフルな模様になるのを楽しんだり、ビー玉を透明なカップなどに入れて映し出したりしても面白いです。人工の光では、プロジェクターがなければ、OHP を光源にしてもよいですね。

● 自分が思ったような影がつくれない子どもには、光源の位置と子どもの位置を見直してあげましょう。映し出す場所に近付いたり、遠ざかったりすると影の大きさが変わることに気付かせることもポイントです。光源にセロファンをかざす時は、近付け過ぎないように注意しましょう。

人工の光であそびます。後ろからプロジェクターの光をあて、子どものからだの動きをスクリーンに映して影絵あそびをします。からだをスクリーンに近付けたり、遠ざけたりしてみましょう。どんな変化があるでしょうか。

黒画用紙を様々な形に切り取ったり、形に切り取った黒画用紙の一部をくり抜き、色セロファンを貼ったりして、影に色をつけてあそびます。光源の前にセロファンをかざすと、スクリーン全体にも色が広がります。

17 白の世界 ―ブラックライトを当ててみよう―

| 想定年齢 | 5歳ごろ | 実施人数 | 友達・グループで | 所要時間 | 約20〜30分 |

「白」という色のイメージは、「無い」「見えない」というイメージが大きいかもしれません。真っ暗な空間で、ブラックライトを当てることで、白が浮かび上がる不思議さや面白さを味わうことで、イメージや価値観、表現の楽しさを広げるきっかけになるでしょう。

準備するもの ❶暗くなる空間　❷ブラックライト　❸白い材料（画用紙・紙コップ・レース・布など）

あそびかた

まずは暗幕などが付いている部屋を利用して、真っ暗な空間を用意し、暗闇を味わいます。そこで、ブラックライトを当てると、白い服、上履き、白目の部分などが光っていくので、「白」が光ることに気付いていけるとよいです。

「白」が光るということに気付いたら、材料や道具などで、白いものを集めてブラックライトに当ててみます。白い画用紙や紙コップ、レースや布など、様々な形のバリエーションがあるとより面白さが広がっていくでしょう。

- ブラックライトの特徴が分かったら、子どもから生まれたイメージに合わせて、蛍光塗料を使って表現を楽しむこともできます。例えば、黒い画用紙に蛍光ポスターカラーで描くことで、色を生かして花火を表現したり、ブラックパネルで七夕の物語などを演じたりして楽しむこともできます。

- 安全面には十分に配慮し、暗闇での動きや電気コードやライトの取り扱い（割れると粉々になります）に留意しましょう。また、5歳児の発達を捉えて楽しめるように、仕組みに気付いて試行錯誤できる材料や提示や、仲間と刺激し合いながら向かえる空間づくりなど環境を工夫していきましょう。

 光って浮かび上がる様子を子どもが何かに例えたり、見立てたりして楽しんでいたら、そのイメージであそびの場をつくり出すのもよいです。仲間とイメージを共有し、考えやイメージを出し合ってあそぶ楽しさにつながるでしょう。

イメージに合わせて、材料や道具、遊具を使って、描いたり、つくったり、つくったものを身に着けて動いたり、壁に貼ったり、吊り下げたり、棒などに付けて動かしたりなど、空間構成や様々な表現方法を楽しめるようにします。

18 | 聴いて・動いて・つくってみよう

| 想定年齢 | **5歳ごろ** | 実施人数 | **何人でも** | 所要時間 | **約40分** |

音楽を聴いてそのイメージに合わせて身体表現したり、造形表現をしたり、言語表現をしたり、と音楽を基点に身体の諸感覚を活性化させて表現を楽しみます。製作中、音楽を何度も繰り返し聴くために1分程度（曲の一部でも可）の器楽曲がお勧めです。

準備するもの ❶**音源（CDなど）** ❷**造形表現のための物品（画用紙、折り紙、はさみ、のり、クレヨン等）**

あそびかた

音楽を聴いて、その特徴を感じ取り自由にイメージを膨らませます。音楽に合わせて身体表現すると、リズム、音色、旋律等をよりよく味わえます。器楽曲は歌詞の影響を受けないので、音により集中できます。

「この音楽にはどんな色や形が合うかな？　色を選んで、色々な形で表してみよう」と言葉かけします。台紙に色紙を切り貼りする方法は試行錯誤が容易で、技量の差が気になりません。製作中は音楽を繰り返しかけます。

| こんなあそびかたも… | 困っている子どもには… |

● 製作では色紙での切り貼りの上にクレヨン等で描き足したり、最初からクレヨン等で描くのもよいでしょう。さらに、粘土等で立体表現をするのも楽しいです。製作途中に「これは何？」と子どもに尋ねると、子ども自身のイメージも明確になり、鑑賞の際の共感が深まります。

● 「この音は、何色の色紙が合いそう？」「この音楽を聴きながら、何をしたい？」などのウオームアップから始めるとスムーズです。子どもの手がなかなか動き出さない場合には、「お散歩」をして製作途中の友達の作品を見たりすると、表現しやすくなるようです。

子どもの様子を見ながら、「あと○回聴いたら手を止めるよ」と声をかけます。音楽をとめて作品を全員で共有します。それぞれの表現を認め、自分と友達の表現のよさを感じ取れる場とすることを心がけます。

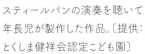

スティールパンの演奏を聴いて年長児が製作した作品。〔提供：とくしま健祥会認定こども園〕

最後に、もう一度音楽を聴きながら自分と友達の作品を鑑賞します。音楽とともに自分の作品を客観的に振り返ることで、音楽と色・形の「響き合い」を楽しみ、より深く味わうことができるでしょう。

19 あそびを通した劇づくり

[想定年齢] 5歳ごろ　[実施人数] 数人〜

劇あそびは台詞を言ったり、役になりきったり、お客さんに見てもらう喜びを感じたりできるあそびです。子どもたちの普段楽しんでいるあそびを劇あそびにつなげてみましょう。保育者が劇あそびに引っ張りすぎず、子どもが「やってみたい」と思えるような劇あそびを考えてみましょう。

準備するもの　❶製作材料　❷舞台になるもの

あそびかた

子どもがストーリーのある絵を描いたり、保育者に自分の作った話をしてくれたりする時が劇あそびのきっかけになります。じっくりと子どもの話を聞いてあげましょう。イメージが具体化して劇になります。

話を見える形にすることを提案し、どのように表現していったらよいのか、子どもと一緒に考えましょう。演じる、ペープサートなどの方法がありますね。「やってみたい」という思いを大切に。

- 子どもが描いた絵が話になっていたら、みんなの前で話を伝える、ということが、紙芝居のようになります。また、保育者が一緒にあそびながらストーリーテラーをすると、劇が分かりやすくなったりします。保育者を見て学ぶ、という機会も大切な劇あそびです。

- 劇あそびはハードルが高いと感じている子が多いかもしれません。指人形など、あるもので話をするようなあそびを普段から子どもたちと気軽にしてみるといいと思います。演じるのは苦手だけれど、ナレーターをしたい、道具係をしたい、など役割に応じて参加する意欲を生かすようにしましょう。

それまでに描いた絵を生かしてペープサートやお面を作ると無理がありません。製作をしながらストーリーを整理していくとよいでしょう。場面などを簡単に図にしてみるのも分かりやすくなります。

演じる場所をつくりましょう。舞台などがなくても衝立や段差のある遊具を使う、または床にビニールテープで線を引くだけでも大丈夫。お客さん席も椅子を並べてみましょう。

20 コマ録り動画をつくってみよう

| 想定年齢 | 5歳ごろ | 実施人数 | ひとり、グループまたはクラス単位 | 所要時間 | 30分〜 |

粘土や折り紙、ペープサートなどを少しずつ動かし、タブレットでコマ撮りし動画を作ります。紙1枚でも簡単なコマ撮りが楽しめ、その場で動画を確認することや、プロジェクターで大きく映してクラスで楽しむこともできます。

準備するもの　❶画用紙　❷ペンなど筆記具　❸粘土　❹タブレット

あそびかた

コマ撮り、アニメーションのアプリはたくさんあります。ここでは子どもがタブレットを使って、一人で撮影し、アニメーションを作ることができるKomaKoma LABのアプリを例に挙げます。アプリはHP（http://komakoma.org）から選び、ダウンロードできます。

例1：「縄跳びをしているクマ」
準備：画用紙2枚に、縄跳びをしているクマを描きます。1枚目は縄がクマの頭の上にある絵、2枚目はクマが縄を跳んでいる絵です。2枚は同じ大きさになるように（ぴったり同じ大きさでなくても大丈夫です）描きます。

撮影してみましょう：1コマ目に、縄が上にあるクマの絵を撮影します。2コマ目では撮影した画像を「透かし表示」で見ながら、同じ位置で、縄を跳んでいるクマの絵を撮影します。1コマ目と2コマ目を連続再生すると、クマが縄跳びをしているアニメーションになります。

● 身近なもの（セロハンテープ台やホチキス、積み木など）に、画用紙で描いた目や口をつけたり、モールで手足をつけたりして、擬人化したモノを少しずつずらしながら撮影しても楽しめます。また、効果音や音楽のアプリで音を重ねたり、セリフを録音してもよいでしょう。

● 園でのICTを用いたあそびは、家庭でのICTの経験が影響します。まずは自分の絵や作品を写真撮影し、スクリーンに映すことからはじめてもよいでしょう。タブレットの操作経験がある子どもばかりが機器を使うことにならないように、順番や時間のルールを設けるなどの配慮も必要です。

例2：「粘土から変身!?」
準備：粘土（軟らかいもの）
始めに粘土の塊を準備します。その粘土が少しずつ形を変え、大きさを変え、ゾウになったりネズミになったりする様子をコマ撮りします。コマ撮りの仕組みを子どもに見せて伝えてからスタートすると、スムーズに進めることができます。

［参考文献］Koma Koma LAB　http://komakoma.org/
　　　　　國學院大學人間開発学部子ども支援学科 YouTube
　　　　　https://www.youtube.com/channel/UCs9nlopXNR1En26uKVw4GGA

絵の具の達人ー子どもが自信をもつ瞬間ー

　5歳児のクラスで、1メートルほどの長さの布を一人ずつに用意して、鯉のぼりづくりをしました。絵筆を使い、布に絵の具で目玉や模様を思い思いに描いていきます。A児は、絵の具が飛び散るような大胆な描き方です。隣では、親友のB児が対照的に、一筆一筆、丁寧に慎重に描いています。A児の描く姿を見たB児が「Aちゃんは、絵の具の達人だ！」と声をかけ、A児は嬉しそうに「ダイナミックが好きだから」と答えました。その後、描き終えたA児は、その鯉のぼりを見ながら「かっこいい」と、一言つぶやきました。

　それまでA児は、描いたりはさみで切ったりすることを、苦手と感じていました。B児は、細かく描いたりつくったりすることが好きで、そのB児から、「絵の具の達人」と名付けてもらったことが、A児はとてもうれしい様子でした。苦手と思っていたことについて友達に認めてもらうことで、自信をつけているようでした。

　もう一つ、別のC児のお話です。卒園後、幼稚園時代を振り返ってもらう聞き取り調査で、C児から次のような回答がありました。

　"私が描いた絵を、先生がとても綺麗に製本して絵本に仕立ててくれました。いまでも家族で話題になります。幼稚園時代から絵を描くのが好きだったんだと思います。私の根本には『絵を描くこと』がずっと生きていると思います。"

　C児にとって、絵を描いて表現するということが、幼児期の保育者の関わりによって、さらに大切なものとなっていったことがうかがえます。卒園後30年ほど経ち、C児は今、デザインの仕事をされているそうです。

　自分の表現に対して友達から認められる一言をもらった瞬間、保育者に自分の表現を大切にしてもらった瞬間など、それぞれの自信や新たな意欲につながるような瞬間があります。そして、その一瞬一瞬に、保育のうれしさが詰まっているのだと感じます。子どもたちが、何を感じ、感じたことをどのように表現しようとしているのか、心の動きを丁寧に感じ取ることができる保育者でありたいと思います。

column

子どもの表現から ②

第 3 章

接続期で
「創造性を豊かにする」

1 幼児教育と小学校教育の 接続の必要性と基本的な考え方

1 幼児教育と小学校教育の接続（以下、幼小接続）の必要性

　人は生まれたときから発達や学びが始まり、生涯にわたって続きます。現行の幼稚園教育要領、保育所保育指針、幼保連携型認定こども園教育・保育要領と学習指導要領では、**0歳から18歳を見通して**、育成を目指す「資質・能力」（P.003参照）を育み続けていくことが示されています。心身の発達の段階に応じて、学校段階等により学ぶ内容や方法は変わりますが、**一人ひとりの発達や学びをつないでいく**ことが求められています。

　次に挙げるのは、4月初旬、ある小学校のスタートカリキュラムにおけるエピソードです。一人ひとりが安心感をもち、新しい人間関係を築いていくことをねらいとして、1年生全員が校庭で自由に遊ぶ時間です。先生が朝礼台のところで旗を持つと、教室に入る合図です。

> 　5人の児童が、校舎の裏側でダンゴムシ探しを始めました。初めて出会う友達もいる様子で、互いに自分の名前を言いながらダンゴムシを探しています。しばらく経つと1人の子が「そろそろ集まりかも。見てくる」と言って校庭に行き、「大変、もう旗が立ってる！」と走って帰ってきました。子どもたちは口々に「大変」「急ごう」「また明日やろうね」などと言いながら、朝礼台に走っていき、それぞれ自分のクラスの場所に並びました。

　みなさんはこの姿をどのように感じるでしょうか。環境を通して行う幼児教育の中で、主体となって園生活を過ごす5歳児の姿と重なります。それを小学校生活の始まりの時期に発揮できるように、スタートカリキュラムが工夫され実践されていることが分かります。幼小接続の推進により、**小学校1年生が「0からのスタート」**ではなく、園生活で身に付けてきた力を発揮し、**小学校の生活や学習に主体的に取り組んでいく**姿の一端を見ることができます。

2 幼小接続の基本的な考え方

　幼小接続は、幼児教育側が小学校教育を先取りして行うものではなく、小学校教育側が始まりの時期に遊ぶ時間をとればよいというものでもありません。**互いの教育を理解したうえで、それぞれの時期にふさわしい教育を充実**させ、幼児教育から小学校教育に移行する時期を一緒に考え、実践していくことが大切です。

1 「連携」を進め「接続」の実現を図る

　幼児教育と小学校教育の**「接続」**とは、**幼児教育と小学校教育の内容や方法、カリキュラム等の＜教育＞がつながる**ことを意味します。そのために重要なのが、幼児教育施設と小学校の「連携」です。**「連携」**とは保育や授業の相互参観、保育者と小学校教員（以下、先生）の合同の研修会、幼児と児童の交流活動を行うなど、**＜施設、組織、人など＞がつながる**ことを意味します。こうした「連携」を通して、先生方が互いの教育を知って理解を深め、**幼児期から児童期への長期的な視点**をもって子どもたちの育ちを捉え共有することが大切です。そのための１つのツールが**「幼児期の終わりまでに育ってほしい姿」**です。示されている10の項目を視点にしながら、各園の５歳児の姿や学び、幼児教育での環境の構成や保育者の援助等、また１年生の姿や指導を具体的に伝え合うなど、**一層の活用**が求められています。

2 幼保小の「架け橋期」

　令和４年３月に「幼児教育と小学校教育の架け橋特別委員会」（中央教育審議会初等中等教育分科会の下に設置）において審議経過報告が取りまとめられ、**「幼保小の架け橋プログラムの実施」**が示されました。このプログラムは、子どもに関わる大人が立場を越えて連携し、架け橋期にふさわしい主体的・対話的で深い学びの実現を図り、一人ひとりの多様性に配慮した上で全ての子どもに学びや生活の基盤を育むことを目指すものとされています。

　「架け橋期」については次のように述べられています。「義務教育開始前となる５歳児は、それまでの経験を生かしながら新たな課題を発見し、新しい方法を考えたり試したりして実現しようとしていく時期です。また、義務教育の初年度となる小学校１年生は、自分の好きなことや得意なことが分かってくる中で、それ以降の学びや生活へと発展していく力を身に付ける時期です。このように、義務教育開始前後の５歳児から小学校１年生の２年間は、生涯にわたる学びや生活の基盤をつくるために重要な時期であり、『架け橋期』と呼ぶことにしました」。

　０歳から18歳を見通した学びの連続性の中で**「架け橋期」を一体として捉え、幼小接続を一層推進していく**ことが子どもの教育・保育に携わる関係者に求められています。

　文科省資料QRコード　https://www.mext.go.jp/a_menu/shotou/youchien/1258019_00002.htm

※QRコードは株式会社デンソーウェーブの登録商標です

[引用・参考文献]
・文部科学省（2022）「幼保小の架け橋プログラムの実施に向けての手引き（初版）」
・文部科学省・国立教育政策研究所教育課程研究センター［編著］（2018）
　「発達や学びをつなぐスタートカリキュラム　スタートカリキュラム導入・実践の手引き」

2 創造性とは

1 創造性と表現

　「幼稚園教育要領」の表現には「感じたことや考えたことを自分なりに表現することを通して、豊かな感性や表現する力を養い、創造性を豊かにする」[1)]と示され、『幼稚園教育要領解説』では、「幼児は、毎日の生活の中で、身近な周囲の環境と関わりながら、そこに限りない不思議さや面白さなどを見付け、美しさや優しさなどを感じ、心を動かしている。そのような心の動きを自分の声や体の動き、あるいは素材となるものなどを仲立ちにして表現する。幼児は、これらを通して、感じること、考えること、イメージを広げることなどの経験を重ね、感性と表現する力を養い、創造性を豊かにしていく。さらに、自分の存在を実感し、充実感を得て、安定した気分で生活を楽しむことができるようになる」[2)]（223ページ）と書かれています。子どもの表現と、感性と表現する力、そして創造性は関わりが深いことが示されています。

　創造性については様々な考え方があります。心理学の研究者である恩田は「ある目的達成または新しい場面の問題解決に適したアイデアを生み出し、あるいは社会的・文化的（個人基準を含む）に価値あるものを造り出す能力、およびそれを基礎づける人格特性である」と定義しています。さらに「単に新しいイメージやアイデアを出すだけでは不十分であり、これらのイメージやアイデアを社会的に承認された形式または客観的に規定された表現方法によって実現されなければならない」[3)]とも考えられています。創造性とは、自分だけが納得し満足するものではなく、他者が理解することができる表現によって新しいアイデアや価値を示すこと、ということになります。創造性を豊かにするためには、たくさんの表現や表現方法にふれ、自分のイメージや考えを表現するためにふさわしい素材の選択や方法を身に付けることが必要となります。

2 豊かに生きるために

　創造性を豊かにするためには、幼児期からの創造的な体験や経験がとても大切です。ここでいう体験とは実感すること、経験とは体験を重ねること、そして行為や実感したことから知識や技能を得ることを指します。そのため、教師や保育者は、子どもの発達に即した多様な体験の機会を用意する必要があります。多様な体験には、何かを表現することと、表現されたモノに触れることが考えられます。自分で何かを表現しようとすること、表現されたモノを見たり

聴いたり触ったり等の、行為や実感をともなう体験がとても大切です。これらの体験を通じて、感じたり考えたりすることで心が豊かになります。そして、自分の思いめぐらせたイメージを表現するために知識や方法を駆使することで、自分なりに表現することや創造性を豊かにすることにつながっていきます。

　創造性につながる表現に関わる体験や経験は、音楽や美術、文学など芸術に直接結び付くようなこととは限りません。絵本や紙芝居、絵の具や楽器、名画や名曲といわれるものを、子どもたちのまわりに揃えるだけでは創造的な体験や経験にはなりません。一方で、保育室内の玩具や遊具、園庭に咲いている花の香、形や色、砂や土を触った感触、教師や保育者の服装など、子どもを取り巻くものすべてが創造的な体験や経験のきっかけとなります。子どもの諸感覚に働きかけ、子どもの感性を拓くこと、そして子どもから新しいイメージやアイデアといった表現を引き出す力が教師や保育者には求められています。こうして創造性を豊かにすることが、独創性、つまり自分なりの表現を示すことにつながります。

　幼児期から創造性を豊かにする体験や経験の積み重ねは、小学校以上での学びにも大きく影響します。授業で学んだことから、さらに知識を広げ深く理解するために調べたり試したりすることもあるでしょう。習得した知識や技能を使ったり応用したりして、自分がイメージしたものをひとに伝えたり表現したりすることで、共有することの面白さや楽しさ、共感を得ることから自信をもつことや自分の存在を確認することにもつながります。また、他者と自分の表現や考えの違いにも気付き、それを認め自分の表現に活かし、さらに独創的な表現を生み出すことにもつながっていきます。

　毎日の生活の中で、自分を取り巻くあらゆるものに心が動かされ、興味・関心をもって過ごすことは、人生が豊かなものとなります。自身の日々の生活に彩りをもたらし、より充実した人生を送るには、特に幼児期から児童期にかけて創造性を豊かにすることが大切であると考えられます。ここでは幼稚園から小学校への接続期において子どもが創造性を豊かにするために、教師や保育者はどのようなことに配慮しているのか考えてみましょう。

3 接続期の子どもの表現を支えるために

1 幼児期の表現あそび、表現活動

　幼稚園や保育所、認定こども園で表現活動を行う意味について改めて考えてみましょう。なぜ、幼稚園等では歌を歌ったり絵を描いたり踊ったりするのでしょう。譜面通りに歌えるようになるためでしょうか。本物そっくりに絵を描けるようになるため、リズムに合わせて決まった振付を正確に踊れるようになるためでしょうか。

　幼稚園等では、音楽表現、造形表現、身体表現、言葉による表現などが、相互に関わり、複合的あるいは融合された表現として好きなあそびやクラスでの活動として展開されています。音楽に合わせて体を揺らしながら歌を歌うことや、絵を描く時のクレヨンを走らせる心地よさに合わせて声を発したり、つくったものを身に付け何かになりきって体を動かしたり、お話が生まれたりすることもあるでしょう。あそびや活動を通して友達の表現にふれ、友達と協力して新しい表現をつくりだしたりすることもあります。

　幼児期の教育で目指す創造性を豊かにすることと、表現が上手になることは、必ずしもイコールではありません。表現あそびや表現活動は、一見、音楽や美術といった芸術的な教育と捉えられがちですが、幼稚園教育では育みたい資質・能力として、「知識及び技能の基礎」、「思考力・判断力・表現力等の基礎」、「学びに向かう力、人間性等」が示されているように、広く捉え実践することが必要です。幼児期に表現あそびや表現活動を通して、多くのことに興味や関心をもち、自分で考え実現することや友達と一緒にあそぶことを経験することが、小学校以降の学習意欲や態度、そして人として生きていくための基礎をつくります。幼稚園教育要領の第一章総則には、幼稚園教育において育みたい資質・能力及び「幼児期の終わりまでに育ってほしい姿」が示されており、10の姿を方向性として捉え、子どもの姿をありのまま捉えること、その姿を大事にすること、とあります。保育者は子どもができることを増やすための指導をするのではなく、子どもの表現や表現したい気持ちを引きだし、表現を広げたり伸ばしたりすることが求められています。そして、幼児期の教育と小学校教育との円滑な接続となるよう、教師や保育者は、幼稚園等と小学校の教育について共有し、それまでに培われた子どもの創造性がさらに拡げられるよう実践していくことが大切です。

2 アプローチカリキュラムとスタートカリキュラム

　幼稚園等と小学校では、学び方が大きく異なります。幼稚園等では子どもの姿から環境を構成しあそびを通して総合的に学び、一人ひとりに応じた指導が行われています。小学校では、時間割に基づいて教科書等を使って各教科の学習しています。幼稚園等と小学校との溝をなだらかにするために、アプローチカリキュラムとスタートカリキュラムが作成されています。

　アプローチカリキュラムは、就学前の子どもが小学校生活や学習にスムーズに適応できるようにするために、幼児期の学びを小学校教育につなげる5歳児後半のカリキュラムです。5歳児になってから、突然アプローチカリキュラムが始まるのではなく、4歳児までの育ちのなかで、5歳児の終わりまでに育ってほしい姿を見通し、日々の保育が計画され実践されています。

　スタートカリキュラムは、小学校入学以降のカリキュラムのことです。期待とともに不安な気持ちを抱える小学校生活のスタートに際し、幼稚園等でのあそびや活動の経験を各教科の学習に取り入れるなどの工夫をしています。幼稚園等で慣れ親しんだ歌や折り紙などを授業として行うことで、新しい友達と一緒に学ぶことの楽しさを味わい、小学校生活への期待につなげています。また、教師はスタートカリキュラムを通じ、幼児期のどのような経験が、小学校での生活や学びの基盤となっているのかを確認することができます。

　幼稚園での接続カリキュラムでは、小学校の単元構成を意識した指導計画の考え方を取り入れながら、子どもの実態に応じた活動を実践しています。5歳児の後半では、グループでの協同的な活動が行われ、子どもたちの間で具体的なあそびの方法や必要な素材や道具を考え、見通しをもって活動を考えていきます。保育者は話し合われたことを絵や文字にして共有し、見通しをもって取り組めるよう活動を支えます。アイデアが浮かばない時や、自分の考えを伝えることに消極的な子どもには、これまでの経験から考えられるよう言葉かけをしていきます。

　劇あそびやお店屋さんごっこなどでは、3・4歳児がお客さんとして参加すると、5歳児の子どもたちの励みになり、3・4歳児にとっても年長児への憧れにつながります。さらに近隣の小学校の先生方を招くと、幼稚園等での子どもの様子や活動を共有する機会になります。実践例として、文部科学省委託「令和2年度幼児教育の教育課題に対応した指導方法等充実調査研究」幼児教育と小学校教育9年間の学びをつなぐ～中央区立晴海幼稚園・中央区立月島第三小学校の取組を通して～(https://www.youtube.com/watch?v=cFzbx5impO8)が挙げられます。この映像では、小学校入学時の教育環境について、座席や登校後のあそび、掲示物の在り方など、保育者と小学校教員が情報を共有することで、児童がスムーズに小学校生活に適応できる事例も紹介されています。

4 | 幼児期から児童期に創造性を豊かにするあそび、学び

1 幼児期に創造性を豊かにするための経験

　「幼稚園教育要領」では、小学校教育との接続に当たっての留意事項として、「幼稚園教育が、小学校以降の生活や学習の基盤の育成につながることに配慮し、幼児期にふさわしい生活を通して、創造的な思考や主体的な生活態度などの基礎を培うようにするものとする」[4]と示されています。幼児園等では、創造性を豊かにするためにはどのような経験をしたらよいでしょうか。創造性を豊かにするためには、5歳児の終わりまでに以下のような経験が考えられます。

- ・様々な直接的な体験をする
- ・考えたり、思いめぐらせたり、想像をふくらませたりする
- ・自分で調べたり、試したり、つくったりする
- ・自然の不思議さを感じたり、物事に新鮮な気持ちで向かい合ったりする
- ・素材や道具を活用し、自分のイメージやアイデアを具体化する
- ・ルールのあるあそびから、新しいあそびをつくりだす
- ・友達とイメージを共有し、協力しながら実現化する
- ・表現あそびや活動を通し、創造することの面白さや喜びを味わい、自己肯定感を高める

　ここに挙げた経験は幼稚園等の集団だからこそ、また保育者の導きや支えがあるからこそ経験できることが多く含まれています。園ならではの環境を活かし、人との関わりを通じて、多様な体験ができるよう配慮や工夫をしましょう。

✦ 様々な直接的な体験をする

　生まれた時からスマートフォンやタブレットなどのICT機器が身近にある子どもたちは、様々な間接的な体験、疑似体験をしています。しかし、画面を通じて体験したつもりになることと、実際に見たり聴いたり触ったりすることでは大きく異なります。ICT機器は実際に経験できないことを補うために活用したり、興味や関心を広げたりするためのきっかけにするにはとても有効です。雪が降る幻想的な美しさや、芝生の匂い、雨の音や冷たさなどは、画面を通しての経験は実際の経験には遠く及びません。見たり聴いたりする幼児期の直接的な体験は、小学校以降の学習だけではなく人として成長する上で大きな影響を与えると考えられます。直接的な体験によって実感したことは、心を揺さぶり、その感覚は自分の中に残ります。

✦ 考えたり、思いめぐらせたり、想像をふくらませたりする

　自由に思いめぐらせ想像することは、常識に囚われることなく独創的な新しいアイデアを生み出します。保育者は子どもが自由に想像することを保障し、大人の考えから外れたことや現実には不可能なことであっても、子どもの考えや思いを受けとめ認めることが大切です。

✦ 自分で調べたり、試したり、つくったりする

　興味・関心をもったことを、すぐに調べられるよう図鑑や事典などを用意しておきます。ICT機器を使って調べることもよいでしょう。子どもに疑問をもったことを尋ねられた時に保育者が答えることもあると思いますが、状況に応じて子ども自身が調べたり、子どもと一緒に答えを探したりすることができるようにしましょう。子どもが自分で調べることによって、知りたいことについて理解が深まることや関連した情報を得ることが期待できます。

　また、子どもが思い付いたり調べたりしたことを、すぐに試したりつくったりすることができるような環境を整えておくことも大切です。試したい、つくりたい、という思いを中断させることなく、すぐに実現できることが望ましいと考えられます。

✦ 自然の不思議さを感じたり、物事に新鮮な気持ちで向かい合ったりする

　自然に触れてあそぶこと楽しむ経験によって、自然の存在に気付き、興味をもち、不思議さに心を動かしたり、自分の生活と結び付けて考えたりすることにつながります。同じ場所、同じ友達、同じあそびであっても、新鮮な気持ちで向かい合うことで、新しい発見や喜びを見出すことができます。そのためには、子どもが新鮮な気持ちで物事に向かい合うことができるよう、言葉かけや環境に配慮したり工夫したりする必要があります。

✦ 素材や道具を活用し、自分のイメージやアイデアを具体化する

　自分でイメージしたことや思い付いたアイデアを具体的に表現するためには、素材や道具が必要です。また、素材や道具の存在によって、イメージやアイデアが浮かぶこともあります。素材や道具は、子どもの見える場所、手が届くところに用意されていることがよいでしょう。保育室の整理整頓を心がけることは大切ですが、そのために楽器や画材が棚の中に仕舞われたままになってはいないでしょうか。保育者に許可を求めないと使えないルールになっていないでしょうか。危険をともなう素材や道具でなければ、子どもが目にしたり、触れたりできるようにしましょう。一方で、あらゆる素材や道具を並べておくのではなく、あそびの様子によっ

て増やしていくことは、イメージやアイデアがふくらむことにつながります。あそびや活動が停滞していたり、気持ちが離れたりしているような時に、これまで使ったことのない素材や道具を用意することで、それまでのあそびや活動に変化が見られるようになります。あそびや活動のねらい、子どもたちのイメージやアイデア、あそびの様子から、素材や道具について配慮する必要があります。

✦ ルールのあるあそびや活動から、新しいあそびをつくりだす

　子どもたちがあそびや活動を展開する中で、あそびや活動は変化していきます。例えば、鬼ごっこや的あてなどで最初に決めていたルールを、あそんでいるうちに自分たちのあそびに合うようにルールを変えたり、道具を増やしたりして、新しいあそびをつくりだすことがあります。友達と話し合って、それまでの経験から新しいあそびをつくりだすのです。大人からすると、不思議なルールや方法であっても、子どもたちの間で受け入れられ楽しんでいるのであれば、それを認め見守るようにしましょう。

✦ 友達とイメージを共有し、協力しながら実現化する

　友達との関係が深まるにつれ、自分の思い描いてるイメージを友達に伝え共有するようになります。自分のイメージを友達に伝えることが難しいことや自分と友達とのイメージが違うことで、もどかしい思いをすることもあります。思い通りにいかない場面で気持ちの折り合いをつけたり、互いの思いや考えを譲り合ったりすることで、共通の目的の実現に向けて工夫したり協力したりすることの楽しさを味わいながら、あそびを展開していきます。

✦ 表現あそびや活動を通し、創造することの面白さや喜びを味わい、自己肯定感を高める

　接続期の子どもの表現あそびや活動は、様々な素材や道具を使って、自由に自分自身の思いや考えを形や色、音や声、身体、場合によっては文字や言葉も網羅しながら具体化していきます。保育者はどのような表現であっても受けとめると同時に、さらに表現が広がるよう支えることが必要です。そのためには、保育者は子どもの表現を理解し、表現しようとする気持ちに寄り添い、音楽表現や造形表現、身体表現などの括りの中であそびや活動を考え計画するのではなく、子どもの生活そのものを理解する必要があります。そして、保育者自身も様々な表現や表現方法について知識や技能を深めると同時に、子どもの思いやイメージが具体化できるような関わりについて考えておくことが大切です。

2 幼稚園等での子どもの創造性を豊かにするための配慮や工夫

　幼稚園等において子どもの創造性を豊かにするために保育者は、どのような配慮や工夫が必要か考えてみましょう。

　子どもの諸感覚に働きかけるような様々な素材と向かい合う機会を設けましょう。素材あそびとして小麦粉粘土やスライムあそびなどが挙げられますが、何かをつくる時の素材と向き合う時じっくり時間をかけて、視覚、聴覚、触覚、味覚、嗅覚などを使って感じ取ることがあってもよいでしょう。子どもがイメージしたものを具体化するために、可塑性のある粘土、砂、土、紙、水などを取り入れることも効果的です。子どもの手指の発達や経験を踏まえ、素材の厚さや大きさに配慮しましょう。こうした素材は製作あそびに限定せず、保育者自身も創造的な活動の提案ができるよう心がけましょう。また、何かをつくる時に用意された材料や、普段からあそびで使っているブロックや積み木、空き箱などを手にしてあそぶ中で、数量や形、大きさ、長さなどを認識することにもつながっています。

　子どもと一緒に活動をする中で、子どもが認めてほしい時に言葉をかけ、取り組む様子を見守るとともに、活動の流れに応じて保育者の考えを伝えるような機会を設けます。子どものイメージやアイデアを実現するために助けすぎたり、即座に答えを示したりすることは、子どもの創造性を阻むことにつながりかねません。一方で、見守り励ますことで、子どもは自分の表現に自信をもってあそびや活動を展開することができます。また、子どものイメージが広がったり、イメージしたものがより具体化できるよう、保育者の考えを伝えたり話し合ったりすることも大切です。あそびや活動を子ども任せにしすぎず、意識的に関わりをもつようにします。特にこれまでの経験が活かせるよう、場合によっては具体的に伝えることも必要です。

　子どもの姿から、活動のねらい、内容に応じた素材や道具を用意します。その時、素材や道具が選びやすいように形や色、素材別など並べ方を配慮します。道具によっては、安全に扱うことができるよう、使い方や注意することを事前に伝え、あそびや活動の最中にも伝えるようにしましょう。正しく道具を扱うことは、イメージしたものを具体化するために必要なことです。正しい道具の使い方を知ることで、表現したいことが具体化することができるのです。

　表現あそびや活動では保育者がお手本を示すこともありますが、それに縛られず、子どものイメージや表現したいと思うことを尊重するようにしましょう。決まった方法があっても、繰り返す中で子どもが試行錯誤できるような場面を設定したり、保育者が示した方法や友達とは違う方法がみられた時、それを認めみんなに紹介したりするなど、たくさんの表現や表現方法に触れる機会を設けます。

また、友達と協同して行う活動を取り入れ、一人ひとりの子どものこれまでの経験が出し合えるような場面を設けます。友達と共通したイメージをもち、それに向かってどのように活動を進めるか、子どもたちが考えられるようにします。保育者は子ども同士で考えたことや計画したことを視覚化することを助けたり提案したりします。互いの考えを伝え合う、表現を発表する、掲示するなどの場を設定し、考えや表現の相違に気付くとともに、友達の考えや表現を認め、自分の考えや表現を広げることができるように促します。

こうした経験から、子ども一人ひとりの興味・関心を広げ、自分なりの表現につなげられるようにします。

❸ 児童期に創造性を豊かにするための経験

幼稚園等で経験したした表現あそびや活動は、小学校での音楽や図画工作に結び付けて考えてしまうことが多いかもしれませんが、生活科をはじめあらゆる教科に関連しています。そのことを踏まえ、児童期には創造性を豊かにするための経験について、以下のように示すことができます。

- 材料や道具、設備を自由に使い、好奇心を満たす
- 興味・関心をもって学ぶ
- 探求への意欲を高める
- 創造的な学習により、それが価値あるものであると分かるようにする
- 創造的な学習では、活動の過程やそれに取り組む態度を大切にする
- 自分で考え計画を立てて、主体的に学習する

これらについては、幼児期にすでに経験していることが基礎となっています。入学間もない子どもにとっても難しいことではなく、授業で学ぶ目標や内容に応じて、教師が導いていきます。

✦ 材料や道具、設備を自由に使い、好奇心を満たす

教室にある材料や道具、設備を自由に使い、子どもの好奇心が満たされるような学習が行われています。教科書はもちろんですが、教師は学習の内容に応じて写真や模型、実物、資料等を用意し、子どもたちは自分の力で活動したり学んだりしていきます。また、他者に伝わりやすい図表の作成やプレゼンテーションなどは、表現にも関わる要素が多く含まれています。

✦ 興味・関心をもって学ぶ

　各教科での学習の中で、興味・関心をもって学ぶことは、幼児期に自分を取り巻く様々な事象に心動かされ、疑問をもったり新鮮な気持ちで向かい合ったりすることと深く関わっています。幼稚園等では、心動かされたことや考えたり思ったりしたことを、音やリズム、形や色、身体や声を使って、表現することを行っています。小学校では教科や学習内容の特性に応じたツールや方法を使って、学んだり発表したりしています。

✦ 探究への意欲を高める

　幼稚園等では表現あそびや活動を繰り返す中で、自分なりの表現を見つけたり友達の表現から影響を受けたりしています。そういった経験の活用が、小学校では、これまでの学習や生活経験と関連付けることを促し、探究への意欲を高めるとともに、すぐに調べられるようにICT機器や図鑑、資料等が用意されています。

✦ 創造的な学習により、それが有意義なものであると分かるようにする

　自由にたくさんのアイデアを出したり表現したりすること、そしてそれを周りの人が批判しないことは幼稚園等でも小学校でも指導が行われていますが、小学校では様々な意見によって刺激し合い、それを子ども自身が整理することができるよう指導が行われています。モノの仕組みについて考えたり、根拠に基づき説明したりしながら、疑問点や矛盾点を整理できるよう学習が進んでいきます。

✦ 創造的な学習では、活動の過程やそれに取り組む態度を大切にする

　これまでの学習や生活経験を踏まえ、創造的な学習が行われています。幼児教育と同様に、創造的な学習に取り組む過程や態度、考えや表現から、よいところを認め励ますことが大切にされています。学習の過程で教師が援助しすぎたり、活動の目標を実現することが困難になったときに安易にあきらめることを認めるのではなく、子ども自身が粘り強く試行錯誤しながら、よりよい方法を探り、考えを示したり表現したりすることができるよう指導が行われています。

✦ 自分で考え計画を立てて、主体的に学習する

　小学校入学間もない子どもにとって、自分で学習計画を立て、見通しをもって主体的に学ぶことは難しく感じられるかもしれません。しかし、幼稚園等の5歳児ですでにグループで計画

を立て、見通しをもって表現あそびや活動をすることを経験しています。その際、保育者や子どもたちは、その計画を可視化し保育室内に掲示するなどの工夫によって、子どもたちと思いや考えが共有できるようにしています。その経験が、小学校で、自分で学習計画を立て、主体的に学習に取り組むことにつながっています。

　幼稚園等での表現あそびや表現活動では、自分なりに考えたことを具体化するためにどのような素材や道具を選び、どのような方法で表現するのか考え、友達と表現したいモノやコトのイメージを共有し、それを実現するために試行錯誤しながら創造性を豊かにしています。この経験は、小学校における積極的な授業態度につながると考えられています。また、友達との表現あそびや表現活動では、自分たちの表現にふさわしい素材や道具の選択、表現方法について、話し合いながら進めていきます。互いの得意なことを発揮し、認め合う場でもあります。友達との協同的な表現あそびや活動によって、一人ではつくり出すことができなかった表現が生まれるだけではなく、柔軟な思考力や判断力が養われ、小学校以降の主体的・対話的で深い学びにつながっています。保育者は、幼児期の創造性が培われる大事な時期を支え、未来ある子どもたちの可能性を拓く役割を担っています。子どもたちが人生をよりよく、そして自分らしく生きることができるよう導くとともに、保育者自身も子どもと一緒に成長する中で、自分自身の人生も豊かなものにしていきましょう。

〔引用文献〕
1）4）文部科学省（2017）「幼稚園教育要領」
2）文部科学省（2018）『幼稚園教育要領解説』
3）恩田彰（1971）『創造性研究の基礎』明治図書出版

〔参考文献〕
文部科学省委託「令和2年度幼児教育の教育課題に対応した指導方法等充実調査研究」幼児教育と小学校教育9年間の学びをつなぐ〜中央区立晴海幼稚園・中央区立月島第三小学校の取組を通して〜https://www.youtube.com/watch?v=cFzbx5imp08（最終閲覧日2023年2月8日）
無藤隆（2009）『幼児教育の原則 − 保育内容を徹底的に考える』ミネルヴァ書房
無藤隆（2018）『幼児期の終わりまでに育ってほしい10の姿』東洋館出版社
東京都教職員研修センター（2009）「創造性の育成に関する研究（第1年次）─直観・想像・思考を重視した問題解決を図るための指導の工夫」『東京都教職員研修センター紀要』，東京都教職員研修センター研修部教育開発課 編（8），79-102，
東京都教職員研修センター（2010）「創造性の育成に関する研究（第2年次）創造的思考を重視した問題解決を図るための指導の工夫」『東京都教職員研修センター紀要』東京都教職員研修センター研修部教育開発課 編（9），27-50，

編著者・執筆者／執筆箇所一覧　　　　　　　　　　　　　　所属は令和5年1月現在

○編著者

駒　久美子　千葉大学准教授
　　　　　　はじめに「「創造性を豊かにする」保育を考える」／第1章　11、21、26／第2章　12、16

島田由紀子　國學院大學教授
　　　　　　第1章　12、14／第2章　13、20／第3章　2-4

○執筆者（五十音順）

小笠原大輔　湘北短期大学准教授
　　　　　　第1章　2、10、13、15／第2章　11

亀井以佐久　寺尾幼稚園園長／鎌倉女子大学非常勤講師
　　　　　　第1章　5-7／第2章　4、5、9

河合優子　　聖徳大学教授
　　　　　　まえがき／はじめに「知っておきたい「創造性を豊かにする」保育に関する基礎・基本」／第3章　1

小谷宜路　　埼玉大学教育学部附属幼稚園副園長
　　　　　　第1章　19、20、27／第2章　7、8／コラム②

小林直実　　千葉大学教育学部附属幼稚園副園長
　　　　　　第1章　24、25、30／コラム①／第2章　10、19

親泊絵里子　品川区立台場幼稚園副園長
　　　　　　第1章　16、17、28／第2章　17

髙木夏奈子　植草学園大学教授
　　　　　　第1章　8、23、29／第2章　6、18

中村光絵　　和洋女子大学准教授
　　　　　　第1章　1、9、22／第2章　1、2、15

古山律子　　川村学園女子大学教授
　　　　　　第1章　3、4、18／第2章　3、14

0〜6歳児「創造性を豊かにする」保育
よくあるギモン30＆表現あそび20

2023(令和5)年2月22日　初版第1刷発行

編 著 者：駒久美子・島田由紀子
発 行 者：錦織圭之介
発 行 所：株式会社東洋館出版社
　　　　　〒101-0054 東京都千代田区神田錦町2丁目9番1号コンフォール安田ビル2階
　　　　　（代　表）電話 03-6778-4343　FAX 03-5281-8091
　　　　　（営業部）電話 03-6778-7278　FAX 03-5281-8092
　　　　　振替　00180-7-96823
　　　　　URL　https://www.toyokan.co.jp

イラスト：こやまもえ（第1章）、甲斐える（第2章、カバー）
デザイン：mika
組　　版：株式会社明昌堂
印刷・製本：株式会社シナノ

ISBN978-4-491-05114-7
Printed in Japan

0〜6歳、心も体も大きく育つ、この時期だからこそ日々の保育を大切に

保育の基本がわかるシリーズ　全5巻　好評発売中！

子どもの健康な心と体の保健を支えるための
保育に必須の一冊！

0〜6歳児「健康な心と体を育てる」保育

佐々木 晃 [編著]
本体 1,900 円（税込 2,090 円）

幼児が互いに関わりを深めるための
保育に必須の一冊！

0〜6歳児「豊かな人間関係をつくる」保育

河合優子 [編著]
本体 1,900 円（税込 2,090 円）

子どもの発達を支えるための
環境づくりに必須の一冊！

0〜6歳児「豊かな環境をつくる」保育

大澤洋美 [編著]
本体 1,900 円（税込 2,090 円）

子どもの言葉の発達を支えるための
保育に必須の一冊！

0〜6歳児「言葉を育てる」保育

日本国語教育学会 [監修]
福山 多江子・伊澤 永修・
大澤 洋美 [編著]
本体 1,800 円（税込 1,980 円）

子どもの創造性を引き出すための
保育に必須の一冊！

0〜6歳児「創造性を豊かにする」保育

駒 久美子・島田由紀子 [編著]
本体 1,900 円（税込 2,090 円）

保育内容の各領域 Q&A で基本から応用まで丸わかり！

保育現場でよくあるギモンと
子どもの心をくすぐる
アイデア・あそびが1冊に！

接続期における教育・保育の在り方も解説！